LES
SÉRAILS
DE PARIS.

CLAIRE MONTIGNY

dite la Maman.

LES SÉRAILS DE PARIS,

OU

VIES ET PORTRAITS

DES DAMES

Paris, Gourdan, Montigni,

Et autres appareilleuses :

Ouvrage contenant la description de leurs Sérails, leurs intrigues, et les Aventures des plus fameuses Courtisannes ; le tout entremêlé de réflexions et de conseils pour prémunir la jeunesse et les Etrangers contre les dangers du libertinage.

TOME TROISIEME.

A PARIS,

Chez HOCQUART, Libraire, rue Saint André-des-Arcs, no. 121.

An x. — 1802.

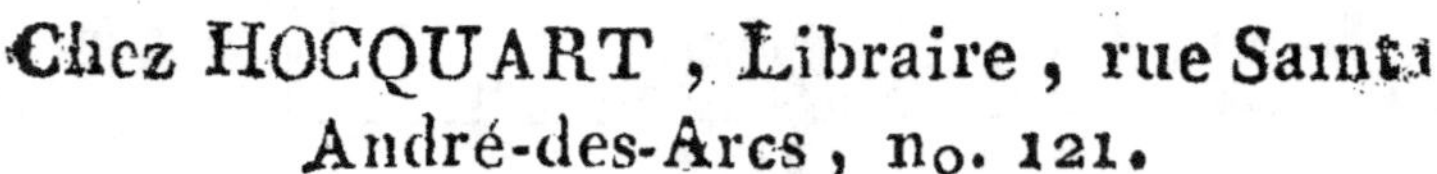

ERRATUM.

Page 29, ligne 6, apres le mot *fort*, ajoutez *et partimes pour notre habitation*.

LES SÉRAILS DE PARIS.

CHAPITRE PREMIER.

Histoire d'Eugénie Betfort. — Ruses dont s'est servi la Marianne Dubois, fameuse entremetteuse, pour trafiquer des charmes d'Eugénie. — Emprisonnement de cette jeune innocente; son départ pour l'Amérique; son mariage.

Mes malheurs ont commencé avec ma vie. J'ignore qui je suis, à qui je dois le jour, et si mes parens existent ou non. Je ne crois pas les avoir jamais vus, je n'en ai aucun souvenir. Dès l'âge de 4 ans, je fus mise en pension chez une femme qui se nommoit mad. Dubois. La reconnoissance, l'habitude, m'attachoient à elle, mais plus encore à une autre femme, nommée Mlle Frémi, qui logeoit dans la même maison que nous. J'étois le plus souvent chez elle, et je lui dois les sentimens de vertus, d'honneur et de religion, ainsi que quelques talens que j'ai acquis. A l'âge de quinze ans ; nous quittâmes le faubourg du Temple, où nous demeurions, et ma tante prit un logément rue Baillif. Nous vivions d'une manière extrêmement modeste. Je sortois peu, nous ne voyions personne, excepté un grand homme que ma tante appelloit son cousin, et qui y soupoit très-souvent, et alors on m'envoyoit toucher de très-bonne heure.

Nous ménions cette vie depuis un an et demi, lorsqu'un soir ma tante rentra fondant en larmes, je tachai, mais inutilement, de savoir la cause de son chagrin. Le lendemain au matin, je la trouvai toute en larmes dans son lit: enfin, se rendant à mes instances, elle me dit que nous venions de perdre la seule personne qui fournissoit à nos besoins et que nous allions tomber dans la misère. Je fis mon possible pour la consoler, l'assurant que le travail de mes mains et une grande économie nous suffiroient pour vivre.

Nous vécûmes en effet de cette manière pendant deux mois. Un matin, je la vis entrer tout en riant, accompagnée d'une femme. Ah! Eugénie, me dit-elle, vous allez être bien contente de moi, vous serez la plus heureuse personne du monde, si vous le voulez. Elle me fit alors coëffer et habiller par la femme, d'une manière très-élégante, et me fit voir dans un miroir, combien j'étois jolie. Vers les 5 heures du soir, elle me fit mettre en carosse pour me conduire au spectacle; elle s'étoit habillée d'une manière distinguée. Un quart - d'heure après nous être placées dans une loge, je fus frappée de l'éclat d'une lumière et d'un grand bruit qui me saisit. Je restai quelque temps en extase ; de quelque côté que je tournai la vue, je ne voyois qu'or, que diamans, et principalement sur ce que l'on nommoit le théâtre, où une foule d'hommes et de femmes gesticuloient beaucoup, et chantoient de toutes leurs forces, sans que je puisse rien comprendre de ce que l'on chantoit. Bientôt après une femme chanta seule ; elle avoit la voix charmante, l'air touché qu'elle avoit, les yeux qn'elle levoit au ciel, me firent croire qu'elle faisoit une prière, je demandai si ce n'étoit pas un motet. On entendit ma question des loges voisines, on éclata de rire : le propos courut de loge en loge, et je vis tout le monde me regarder en riant. On vint ensuite ouvrir notre loge pour y faire entrer deux jeunes gens superbement vétus,

qui se mirent aussitôt à faire la conversation avec nous. Je les crus des
amis particuliers de ma tante, à l'air
de familiarité dont ils en usoient avec
elle ; quant à moi, je ne disois mot,
si ce n'est quelquefois un *vous me
faites bien de l'honneur, Monsieur.*
L'opéra finit enfin, et nous retournâmes à la maison.

Le lendemain, après avoir fait la
même toilette, ma tante me conduisit au Palais-Royal, où je n'a-
vois pas encore été, et où je n'eus
pas fait deux tours, que je m'aper-
çus que l'on me considéroit beaucoup. Elle est jolie, disoit l'un ; c'est
dommage que cela soit si neuf. Il
faut savoir ce que c'est, disoit un
autre. Cela est surement à vendre,
ajoutoit un troisième, mais cela
sera cher. J'entendois mille autres
propos dont la plupart étoient inin-
telligibles pour moi, et me donnoient
beaucoup d'humeur.

Le soir, ma tante me mena dans
un autre jardin, qu'elle nomma les

Tuileries ; je fus étonnée de la quantité de monde que j'y vis. Je ne croyois pas qu'il y en eût autant à Paris. J'éprouvai là le même désagrément qu'au Palais-Royal, par l'importune curiosité des hommes qui s'y promenoient. J'y vis entr'autres, un gros homme tout couvert d'or, il avoit environ 50 ans, ne nous avoit pas quittées depuis le Palais-Royal, avoit beaucoup parlé à ma tante ; mais il m'avoit déplu horriblement par les airs qu'il se donnoit, en voulant faire le jeune homme : outre un ton de suffisance insoutenable, il faisoit parade des bagues énormes qu'il avoit aux doigts, il tiroit sans cesse de ses poches différentes boëtes dont je crus d'abord qu'il étoit marchand ; et les deux montres qu'il avoit au gousset étoient tellement garnies de breloques qu'elles faisoient un bruit très importun chaque fois qu'il remuoit. Enfin à la nuit nous retournâmes au logis.

Le lendemain, ma tante me dit

qu'elle avoit loué un appartement plus commode , qu'il falloit que je fisse nos ballots pour déménager le lendemain. Quand tout fut prêt, nous montâmes dans une très - jolie voiture, qui nous attendoit à la porte , et qui nous conduisit dans un bel hôtel où ma tante me montra une jolie chambre qu'elle dit être la mienne, j'y vis de très-beaux meubles, une toilette très - élégante , et tout ce qui pouvoit être utile et agréable à une femme. Je demandai comment nous étions tout-à-coup devenues si riches, elle me répondit que je le saurois bientôt , mais que, sur - tout, je songeasse à la reconnoissance , que je devois à la personne qui me faisoit tant de bien. Je l'assurai que je n'y manquerois pas.

Vers les sept heures j'entendis dans la cour le bruit d'un carosse , un instant après on ouvrit les deux battans de ma porte. Je reconnus ce gros vilain Monsieur de la veille.

Ma tante alla au-devant de lui, pour moi je restai de bout, et comme glacée d'effroi. Elle revint me prendre la main et me présenta à lui, en me disant : Voilà, ma nièce, votre ange tutélaire, c'est à lui à qui vous devez tout ce que vous avez : il compte sur votre reconnoissance. Je lui fis une grande révérence : il voulut m'embrasser, mais voyant que je reculois il me retint par le bras et me fit recevoir une douzaine de baisers qu'il me donna. Quand nous fûmes assis, il me dit mille galanteries, auxquelles je ne répondis presque rien. Ma tante sortit, le Monsieur se voyant tête-à-tête avec moi, se jetta à mes genoux en m'adressant le discours le plus tendre. Je me levai ; il me prit entre ses bras en m'embrassant malgré moi, je criai ; ma tante rentra au bruit, me gronda, me traita de sotte et de bégueule. Le Monsieur me voyant pleurer tâcha de m'appaiser ; ma

tante se joignit à lui et nous nous
mîmes à table, où malgré leurs instances, je ne pus manger.

Après le souper, je demandai à
me retirer dans ma chambre, ce qui
me fut accordé, ou plutôt vendu au
prix de quelques caresses de mon vilain persécuteur.

Comme je n'avois nulle envie de
dormir, je m'occupois à réfléchir
sur tout ce qui m'étoit arrivé, et
principalement sur la conduite de
ma tante dont je commençois déjà à
apercevoir tout l'odieux. J'étois,
dis-je, absorbée dans ces réflexions,
lorsque tout-à-coup la porte s'ouvre,
je vois entrer le gros Monsieur, qui
vient se jetter à mon cou, et me
prend entre ses bras, je pousse des
cris, je me débats, il m'emporte,
je redouble mes cris, ma tante arrive, je la supplie de me secourir,
au lieu de le faire, elle aide mon
ennemi, l'indignation, la fureur ac-
croissent mes forces, j'égratigne,
je frappe, je mords, ils me lâchent

un instant, je cours vers la porte, je me précipite en bas de l'escalier, la porte de la rue n'étoit pas fermée, je sors, sans savoir où je vais ; je tombe au milieu d'une troupe de gens armés qui m'arrêtent, me menent chez le commissaire, qui me demande mon nom. — Eugénie. — D'où êtes-vous. — Je n'en sais rien, je crois que je suis de Paris. — Où demeurez-vous ? qui est voire père ? Que fait-il ? . . . . A toutes ces questions je ne savois que répondre ; mon embarras redoubloit. Tout ce qu'on put tirer de moi, fut que j'avois une tante nommée madame Marianne Dubois, qui avoit demeuré dans la rue Baillif, que j'ignorois le nom de celle d'où je venois, que je m'étois sauvée de chez elle, parce qu'elle et un gros Monsieur vouloient me violenter. L'état où j'étois, toute échevelée, mes habits déchirés, mes réponses, tout cela étoit suspect, on me garda la nuit, et le lendemain on envoya prendre des informations dans la rue Baillif. On apprit que Marianne Dubois y avoit en effet demeuré, qu'elle vivoit avec un soldat aux gardes, qu'elle venoit de déloger avec sa nièce, que l'on avoit été surpris de voir cette nièce, qui étoit auparavant si simplement mise, sortir tous les jours en carosse, parée comme une femme de qualité. On m'interrogea sur ces points et je convins de tout. Au bout de deux jours, n'étant réclamée par personne, et ne pouvant donner d'autres éclaircissemens sur mon compte, car ma tante m'avoit absolument tout caché, je fus conduite à la Salpêtrière. J'entendis parler dans cet hôpital un langage auquel je n'étois pas accoutumée; je tombai malade, les chirurgiens me questionnèrent beaucoup sur ma vie passée, et me demandèrent une infinité de choses que je ne compris point. Une sœur qui vit que le chagrin étoit mon plus grand mal, me fit aussi beaucoup de questions, elle me consola, et après mon rétablissement elle me garda à l'infirmerie où je raccommodois le linge. Ce genre de vie me plaisoit assez, je me croyois à l'abri du malheur, lorsque la sœur vint m'annoncer qu'un ordre supérieur ordonnoit de nous envoyer au Havre joindre deux ou trois cents bandits des deux sexes, ramassés dans tous les coins du royaume, et qu'on faisoit passer aux colonies de Madagascar. Elle ajouta qu'arrivée au Havre, on nous marieroit avec le premier venu parmi ces forçats, que ces mariages étoient destinés à peupler les îles. Cette nouvelle me perça l'ame, mon deséspoir fut à son comble, je voulois me détruire, je maudissois la providence. Ah ! m'écriai-je, quel crime ai-je donc commis ? Si j'avois été corrompue, je vivrois dans l'opulence, tout me riroit, toutes les jouissances me seroient accordées ; .... et parce que j'ai fui le vice, parce que j'ai aimé la vertu et mon innocence, on m'emprisonne,

prisonne, on m'exile au-delà des mers, et l'on m'unit à un vil scélérat chargé de crimes, à qui, par grace, on a accordé la vie, qui devoit lui être ôtée par la main du bourreau ! Dieu ! est-ce là récompense que vous me destiniez. La sœur tâchoit de me calmer par tout ce que la raison et la religion ont de plus fort. Ce n'est, disoit-elle, qu'un moyen, sans doute, dont le ciel se sert pour vous éprouver, et vous conduire à un état de bonheur plus durable. Enfin nous partîmes, et à la recommandation de la sœur, je fus traitée avec plus de ménagement que les autres.

Arrivées au Havre, on nous mit dans une grange, où il y avoit environ quatre cens personnes, tant hommes que femmes, séparés par une simple cloison. C'étoit un bruit affreux et continuel. Je n'avois entendu de ma vie des discours aussi singuliers, et de conversations pareilles à celles qu'on y tenoit sur les mariages qui alloient se faire. Ces propos faisoient rire tout le monde, excepté moi, qui nè pouvois sortir de mon accablement. Le lendemain, jour destiné à l'embarquement, on commença dès les cinq heures du matin, à nous faire sortir l'une après l'autre par les deux portes de la grange, un homme et une femme, comme ils se trouvoient. Le prêtre les bénissoit, et on les menoit à bord. A chaque femme que je voyois sortir, ma douleur augmentoit : mon tour approchoit. J'espérois qu'en restant la dernière il ne se trouveroit point d'homme pour moi ; mais on en avoit fait le compte la veille. Toutes passèrent avant moi. Enfin abîmée dans ma douleur, et ne bougeant point de place, un garde me prit par le bras et me traîna dehors assez rudement. On me fit arrêter au milieu d'un grand cercle, formé par les gardes : là, sans appercevoir ni prêtre, ni personne, sans entendre ni répondre un mot, je erus sentir seulement qu'on me!toit ma main dans une autre, et l'on me conduisit tout de suite au vaisseau, dans lequel je me trouvai, sans savoir comment j'y étois entrée. Je ne m'apperçus où j'étois, qu'aux cris que j'entendis pousser derrière moi. Je sortis alors un peu de mon accablement, et je vis à mes côtés un jeune homme aussi abbattu que moi.

Environ une heure après, on leva l'ancre et nous partîmes. Lorsque nous eûmes perdu la terre de vue, le capitaine me fit chercher, et me demanda en souriant comment je trouvois mon mari. Mon mari! repris-je d'un air étonné, et saisie de terreur. Oui vraiment, me dit-il; est-ce que l'on ne vous a pas mariée comme les autres? Je lui protestai que non, car je ne m'en rappellois pas; surquoi le capitaine donna ordre qu'on allât le chercher. Il vint; c'étoit un jeune homme d'une figure intéressante, nommé Labousse: il avoit l'air aussi abattu que moi. Le capitaine lui demanda quelle étoit sa femme. Je n'en sais rien, répondit-il. Sur cela il m'appella, et lui dit, en me montrant, n'est-ce pas là la femme que vous avez épousée. Je n'en sais rien, reprit-il encore, presque sans me regarder. Est-ce que vous n'avez pas été mariés, nous demanda-t-il vivement à tous les deux ? Je n'en sais rien, lui répondîmes-nous en même-temps. Eh bien ! Morbleu, moi, je vous marie, poursuivit - il , tâchez dorénavant de vous en souvenir. Il nous fit ensuite conduire dans notre petite chambre , où l'on avoit porté les malles de Labousse.

Nous nous assîmes l'un et l'autre, sans regarder , moi continuant à pleurer , et lui, la tête appuyée contre la cloison. Dans cet état d'accablement où l'on ne pense à rien, et que le roulis du vaisseau sembloient encore augmenter ; on vint nous avertir qu'on avoit servi, que le capitaine ainsi que les officiers à qui M. Labousse étoit recommandé nous permettoient de nous mettre à table avec eux. Nous les remerciâmes, nous n'avions pas faim. La nuit venue, Labousse me sollicita avec tant d'instances à user du seul lit qui étoit dans notre cabane, son air, ses paroles m'inspiroient tant de confiance que je me déterminai à m'y placer toute habillée.

Le lendemain au matin le capitaine vint nous demander si nous étions enfin mariés : il fut surpris de voir Labousse couché sur sa malle et moi sur le lit toute habillée, et les yeux encore baignés de larmes. Il nous emmena presque de force, déjeûner avec lui, et nous y fit manger malgré nous.

Après avoir essuyé une heure ou deux d'exhortations et de conseils, entremêlés de plaisanteries de la part de tout le monde, je demandai la permission de me retirer, et j'allai me jetter sur mon lit, où je m'endormis d'un sommeil très-inquiet. Labousse, après le dîner, vint dans ma chambre : le bruit qn'il fit en ouvrant la porte, me réveilla en sursaut ; il m'en fit ses excuses avec autant d'honnêteté que de douceur. Ce jeune homme étoit tout-à-fait intéressant, tant par ses manières que par sa figure ; j'y avois fait une legère attention. Au point où nous étions, c'étoit beaucoup pour lui. Il parla de notre malheureuse situation avec sensibilité ; il me dit qu'il étoit important pour notre bonheur commun de nous lier par une confiance réciproque. Il me parla avec tant d'intérêt, de feu et d'éloquence, que je me vis forcée à lui conter mes aventures ainsi que je viens de le faire.

Lorsque j'eus fini, je lui dis que mes confidences méritoient une réciprocité, à la quelle il ne se refuseroit certainement pas. — Non, me répondit-il, je considère mon sort si intimement lié au vôtre, que je veux que vous lisiez jusque dans les réplis les plus secrets de mon ame. Après s'être recueilli un instant, il commença son histoire en ces termes.

« Je suis le seul héritier d'une des
» plus illustres maisons de France.
» Au lieu d'employer ses richesses
» et son crédit pour me donner une
» éducation digne du nom que je
» portois, on ne fit de moi qu'un
» poliçon, un mauvais sujet, il suf-
» fira de vous dire qu'ayant été in-
» troduit par un de mes amis, ou plu-
» tôt, compagnon de débauche, dans
» ces lieux infames où règnent la pros-
» titution et tous les vices anti - so-
» ciaux , je devins amoureux d'une
» des nymphes de ces antres fan-
» geux , et que je m'en fuis avec
» elle emportant tout ce que je pus
» trouver d'argent et de bijoux chez
» mon père. Arrivé à Rouen, j'y
» reçus la punition due à mon cri-
» me, l'infame me quitta au bout
» de huit jours, et me vola tout ce
» que je possédois. Je me mis à sa
» poursuite, mais je restai à Caen
» où je croyois la trouver. N'ayant

» aucun argent , je vendis le peu
» qui me restoit , je pris le nom de
» Labousse et je me rendis à Nantes.
» Là j'eus la bassesse de m'allier à
» un des joueurs qui savent corri-
» ger la fortune à force d'industrie.
» Je voulus l'imiter , et je gagnai
» d'abord une somme assez forte,
» mais un jour je laissai échapper
» de ma main un dez que j'avois
» escamoté , il s'en trouva donc
» quatre sur le tapis au lieu de trois,
» l'on voulut vérifier , approfondir
» cette singularité , on m'arrêta ,
» on me fouilla , et d'autres dez
» pipés que l'on trouva sur moi fu-
» rent les témoins irrécusables de
» ma friponnerie. Je fus emprison-
» né , et lorsqu'on m'apprit ma des-
» tination pour le Hâvre, j'écrivis à
» mon père ; mais soit qu'il ait suc-
» combé aux chagrins que je lui ai
» causés , soit qu'on ait intercepté
» ma lettre , je n'en ai reçu aucune
» réponse. Ce silence commande le
» mien. Vous voyez donc en moi,

» charmante Eugénie, un homme
» bien coupable, bien indigne de
» vous, mais quel grands que soient
» ses crimes, ce n'est pas la cor-
» ruption du cœur qui les a causés.
» Oui, l'horreur que j'ai de mes
» actions et des monstres qui m'y
» ont engagé, m'est un sûr garant
» que je suis corrigé de mes écarts.»

A peine avoit-il fini qu'on nous
appella pour le souper. On remarqua que notre air étoit plus serein,
et que la trace de notre chagrin s'é-
toit un peu affoiblie, cette remar-
que fit naître quelques plaisanteries
et des prophéties qui ne tardèrent
pas à s'accomplir.

Lorsque nous nous fûmes retirés,
Labousse me pria instamment de me
déshabiller et de me coucher. La
sincérité, le respect qu'il mettoit
dans tous ses discours ne me lais-
soient aucun doute sur la pureté de
ses intentions. Je quittai mes sou-
liers et ma robe seulement, et je me
couchai, après avoir exigé qu'il se

coucha aussi sur un matelat que je lui avois fait tirer de mon lit. Nous nous endormîmes, et passâmes bien la nuit, car nous avions l'un et l'autre le plus grand besoin de sommeil.

Le Lendemain matin, Labousse me dit : Ma chère Eugénie, ces malles m'appartiennent ; et le capitaine m'a dit qu'elles avoient été remises de la part du ministre de la marine, pour mon usage et celui de ma femme : et je n'ai pas encore songé à les visiter. A présent que je commence à me reconcilier avec la vie, qui m'étoit insupportable il y a bien peu de temps, ouvrons - les. Je desire bien qu'il y ait quelque chose qui vous soit agréable. La première qu'il ouvrit ne contenoit que des habillemens d'hommes. Il ouvrit avec empressement la seconde ; elle étoit pleine de robes et de linge de femme, non d'un grand prix, à la vérité, mais fort honnêtes. Il me pria avec instance de les accepter. Je les refusai d'abord, quoique j'en avois envie, vu le besoiu où j'étois de linge. Quoi! me dit-il, en souriant, devez-vous faire ces façons avec votre mari? Ce mot fut comme un coup de poignard, non que Labousse me fît horreur, je dois même avouer qu'il ne m'étoit plus indifférent, mais ce mot rappeloit à mon souvenir tous mes maux passés, présens, et même toute l'horreur d'un avenir incertain.

Mon émotion lui fit de la peine; il prit alors son sérieux, et me pria, me supplia même de disposer de tout ce qui étoit dans cette malle, qui m'étoit destiné. Enfin je l'acceptai. J'y cherchai ce qui m'étoit le plus nécessaire pour le moment, et Labousse sortit pour me laisser la liberté de changer de tout.

J'eus bientôt fini ma modeste toilette, et lorsque Labousse rentra, j'étois toute habillée. Il fit, en me voyant, un geste de surprise, et il s'écria: Ah! que vous êtes charmante! que vous êtes belle! ma

ma

chère Eugénie !..... Il prononça ces mots avec tant de feu, de vérité et de contentement que j'en ressentis un grand plaisir : c'étoit un hommage sincère que je ne devois assurément pas à des charmes étrangers, il ne pouvoit manquer de flatter mon amour propre ; je ne le lui cachai point.

Labousse désirant faire toilette à son tour, j'allai prendre l'air sur le pont où il vint un quart-d'heure après me réjoindre pour me conduire chez le capitaine où l'on avoit servi.

Notre changement de costume nous attira beaucoup de complimens, ensuite des plaisanteries. J'y fus moins sensible et moins triste, Labousse fut aussi plus gai. Nous passâmes le reste de la journée dans notre cabane, Labousse me parla d'abord de nos arrangemens futurs. Je ne les écoutois point sans quelque sentiment de peine, enfin à force d'en entendre parler, j'y pris quelque goût, car on se fait à tout avec le temps.

temps. Il me dit entre autres choses, qu'il avoit été fortement recommandé au capitaine auquel il avoit été remis une somme qu'il avoit employée en objets de pacotille que contenoient trois caisses qu'on nous remettroit en débarquant.

Le temps que nous passâmes à causer ainsi me parut si court, que lorsqu'on vint nous appeller pour souper , je m'écriai involontairement : quoi ! déjà ! à ces mots il me sauta au cou, m'embrassa vivement, et s'écria : ah ! ma chère Eugénie, que ces mots sont flatteurs pour moi ! Il est vrai , répondis-je , en rougissant de ma promptitude , que je ne croyois pas qu'il fut si tard : allons souper.

On remarqua encore un nouveau changement. Labousse qui ne cherchoit que les moyens de me plaire , savoit que la gaité en est un , il s'y livra, ce qui fit grand plaisir au capitaine et aux officiers. Lorsque nous fûmes retirés, et qu'il fallut se coucher ; Eugénie, me dit Labousse , en me regardant tendrement et en poussant un gros soupir, je serai encore bien durement sur ces malles, vous me faites en vérité pitié , lui répondis - je, il ne tiendra qu'à vous , répartit - il, que je sois mieux , que ne consentez-vous à partager votre lit avec un époux qui vous adore, et qui ne connoîtra jamais d'autres droits que ceux que vous voudrez bien lui donner. Il prononça ces mots avec un accent si vrai , si pathétique que pénétrée moi - même , et tout-à-coup des sentimens qui l'animoient , je me jettai entre ses bras , et je m'écriai , je suis ta femme , que les nœuds qui nous unissent soient éternels et fassent à jamais notre bonheur commun.

Le lendemain fut pour moi bien cruel , mon époux n'alla pas publier notre hymen , mais son air de satisfaction , sa gaité , ses caresses , le nom d'épouse et de femme qu'il

me donnoit , tout décèloit ce qui s'é-
toit passé entre nous , aussi dus-je
essuyer toute la journée des bordées
de plaisanteries qui me désespé-
roient. Heureusement je sentois bien
que ce tourment ne dureroit que ce
jour-là. En effet le lendemain , à
peine en parla-t-on. Depuis ce moment mon humeur changea tout à
fait; Je devins gaie , ouverte , j'entendis la plaisanterie , j'y répondis
même, en respectant toujours les
lois de la décence.

Nous passions les jours entiers en-
semble , ou dans notre cabane , ou
sur le pont , et nous oubliâmes bientôt nos chagrins et nos malheurs,
nous trouvâmes dans nous-mêmes
et dans notre attachement mutuel,
la plus prompte et la plus sûre des
consolations.

Notre traversée touchoit à sa fin ,
en effet le lendemain nous abordâ-
mes au fort Dauphin. Le surlendemain de notre arrivée le gouverneur
à qui mon mari et moi fumes pré-

sentés, nous dit , après plusieurs complimens et politesses, que nous pouvions aller prendre possession de l'appartement qu'il nous avoit fait préparer. Nous nous y rendîmes, nous y trouvâmes un nègre et une négresse, que le goûverneur y avoit envoyés pour nous servir. En outre trois grands coffres contenant les marchandises que le capitaine avoit achetées à mon époux, il y en avoit pour environ vingt mille livres.

Quelque jours après , le gouverneur nous fit inviter à dîner, et pendant le repas il dit à mon mari, qu'il lui avoit été recommandé très-fortement , et qu'on lui avoit remis une grosse somme pour former son établissement, qu'en conséquence il nous avoit réservé la meilleure habitation de la colonie entre la rivière d'Onghe et celle d'Amboule. Il nous avoit acheté vingt nègres ; tout est prêt à vous recevoir, ajouta t-il , et quant à votre pacotille, je me charge, si vous le voulez bien, d'en tirer un parti avantageux. Nous lui témoignâmes notre gratitude dans les termes les plus expressifs, et nous prîmes congé de lui.

Huit jours après nous quittâmes le fort, où nous nous établîmes de la manière la plus agréable et la plus commode. Tout semble y assurer notre bonheur. L'amitié, l'amour qui nous unit, la fortune qui couronne toutes nos entreprises, deux jolis enfans, un garçon et une fille, que le ciel nous a accordés, et outre cela la paix et la confiance qui règne entre nous tous font de notre habitation le séjour de la vraie félicité.

CHAPITRE II.

Réflexions générales sur les lieux publics de débauche, et leurs suppôts. — Des Courtisannes et des Filles entretenues.

« Sı les femmes attaquoient , dit
» un auteur moderne , que devien-
» drions - nous devant leurs char-
» mes , devant leur audace passion-
» née et leurs amoureux transports?»
Eh bien , parcourez Paris et toutes
les villes populeuses , et vous y ver-
rez des femmes qui attaquent , mais
la nature ayant mis en nous la pudeur, nous sentons un dégoût très-
prononcé pour ces attaques , et tout
reste à - peu - près dans l'ordre , ce
qui fait que les filles publiques sont
moins dangereuses qu'on ne le croi-

roit d'abord, car elles se donnent, après tout, pour ce qu'elles sont, elles ont un vice de moins, l'hypocrisie : elles ne peuvent causer les ravages qu'une femme libertine et prude occasionne souvent, sous les fausses apparences de la modestie et de l'amour. Malheureuses victimes de l'indigence ou de l'abandon de leurs parens, rarement déterminées par un tempérament fougueux, elles ne s'offensent ni de l'outrage, ni du mépris ; elles sont avilies à leurs propres yeux, et ne pouvant plus régner par les graces de la pudeur, elles se jettent du côté opposé et elles étalent l'audace et l'infamie.

Mais il y a encore des degrés dans cet abîme de corruptions ; l'une se livre tout-à-la-fois au plaisir et à l'argent, l'autre est une brute qui n'a plus de sexe, et qui ne sent pas même la dérision qu'elle inspire.

Nous n'offenserons pas ici les oreilles chastes ni les yeux de l'innocence, en leur présentant les scènes de la

débauche et de la crapule ; nous tai-
rons les fantaisies du libertinage , les
saillies et les fougues de cent cinquante mille célibataires voués à trente
mille prostituées, nous nous garde-
rons d'épouvanter les imaginations
sensibles ; car les désordres voilés de
l'humanité ne sont pas bons à mettre
au grand jour.

Disons seulement que le nombre
des filles publiques ne favorisant que
trop le désordre des passions a donné aux jeunes gens un ton libre qu'ils
prennent avec les femmes les plus
honnêtes ; de sorte que dans ce siè-
cle si poli, on est grossier en a-
mour.

La fréquentation des mauvais lieux
et des filles de joie se fait sur tout sentir dans nos conversations avec les
femmes honnêtes. Elle à perdu toute
délicatesse , elle abonde en mauvaises
plaisanteries , en équivoques et en
narrations scandaleuses.

Il seroit temps de corriger ce mauvais ton ; c'est aux femmes qu'il ap-

partient d'établir la réforme, en ne permettant plus ces propos qu'elles ont été obligées de souffrir, sous peine de passer pour bégueules.

Les passions honteuses et publiques portent avec elles leur contre-poison, et ne sont pas peut-être si difficiles à réprimer que celles dont le déréglement paroit excusable; en sorte que je croirois qu'une fille publique est plus près de devenir honnête femme, que la femme galante.

Mais le scandale des filles publiques est poussé trop loin dans la capitale. Il ne faudroit pas que le mépris des mœurs fût si visible, si affiché : il faudroit respecter davantage la pudeur et l'honnêteté publique.

Comment un père de famille, pauvre et honnête, se flattera-t-il de conserver sa fille innocente et intacte dans l'âge des passions, lorsque celle-ci verra à sa porte une prostituée mise élégamment, attaquer les hommes, faire parade du vice, briller au sein de la débauche, et jouir, sous la protection des lois mêmes, de sa licence effrénée ? Le retour qu'elle fera sur elle - même, lui dira qu'il n'y a aucun prix solide attaché à l'exercice de la vertu, et elle se lassera de se combattre elle-même. La raison ne pourra pas lui faire appercevoir distinctement les avantages qui résultent de la sagesse; elle ne verra que l'exemple le plus dangereux des séducteurs, surtout pour son sexe.

Aussi n'est-il guère possible que l'imagination la plus hardie ajoute à la licence des mœurs actuelles : la corruption dans le dernier ordre des citoyens, ainsi que dans le premier, n'a presque plus de progrès à faire.

On compte à Paris trente mille filles publiques, c'est-à-dire, *vulgivagues*, et dix mille environ, moins indécentes, qui sont *entretenues*, et qui d'année en année passent en différentes mains. On les appelloit autrefois *femmes amoureuses*, *filles folles de leur corps*. Les filles publiques ne sont point amoureuses ; et si elles sont folles de leur corps, ceux qui les fréquentent sont beaucoup plus insensés.

L'enlèvement des filles publiques, tel qu'il se faisoit dans l'ancien régime, a plusieurs fois excité les plaintes et les réclamations des philosophes. Voici ce qu'un auteur des plus philantropes écrivoit alors.

« Toutes les semaines on en fait des enlèvemens nocturnes avec une facilité qui, trop excessive, ne sauroit manquer de déplaire au spéculateur politique, malgré le mépris qu'inspire l'espèce que l'on traite ainsi. Le spéculateur songera à la violation de l'asyle domestique dans les heures de la nuit, à la foiblesse du sexe, aux mauvais traitemens qu'il essuie, et aux inconvéniens qui peuvent en résulter, ces créatures étant quelquefois enceintes ; car le

libertinage ne les dispense pas toujours d'être mères.»

«On les conduit dans la prison de
la rue St.-Martin , et le dernier ven-
dredi du mois elles passent à la police ; c'est-à-dire , qu'elles reçoivent
à genoux la sentence qui les con-
damne à être enfermées à la salpé-
trière. Elles n'ont ni procureurs, ni
avocats , ni défenseurs; on les juge
fort arbitrairement.»

«Le lendemain on les fait monter
dans un long chariot, qui n'est pas
couvert. Elles sont toutes debout et
pressées. L'une pleure , l'autre gé-
mit ; celle-ci se cache le visage ;
les plus effrontées soutiennent les
regards de la populace qui les apos-
trophe ; elles ripostent indécemment
et bravent les huées qui s'élevent sur
leur passage. Ce char scandaleux
traverse une partie de la ville en
plein jour ; les propos que cette
marche occasionne sont encore une
atteinte à l'honnêté publique.»

«Les plus huppées et les matrones,
avec

avec un peu d'argent, obtiennent la permission d'aller dans un chariot couvert. »

« Arrivées à l'hôpital, on les visite, et on sépare celles qui sont infectées, pour les envoyer à Bicêtre, y trouver la cure ou la mort : nouveau tableau qui s'offre à ma plume, mais que je recule encore, frémissant de le tracer, et non guéri de l'impression horrible qu'il a laissée dans tous mes sens. »

Ces abus sont réformés ; des voitures couvertes et bien fermées, des espèces de prisons ambulantes transportent les prisonniers, et sauvent au public les scandaleux spectacles dont nous venons de voir le tableau.

On appelle *courtisannes* celles qui, toujours couvertes de diamans, mettent leurs faveurs à la plus haute enchère, sans avoir quelquefois plus de beauté que l'indigente qui se vend à bas prix. Mais le caprice, le sort le manège, un peu d'art ou d'esprit mettent une énorme distance entre des femmes qui n'ont que le même but.

Depuis l'altière Laïs qui vole à Long-Champ dans un brillant équipage (que sans sa présence licentieuse on attribueroit à uue jeune duchesse) jusqu'à la raccrocheuse, qui se morfond le soir au coin d'une borne , quelle hiérarchie dans le même métier ! Que de distinctions, de nuances , de noms divers, et ce pour exprimer néanmoins une seule et même chose ! Cent mille liv. par an , ou une pièce d'argent ou de monnoie pour un quart d'heure , causent ces dénominations qui ne marquent que les échelles du vice ou de la profonde indigence.

On peut placer les courtisanes entre les femmes décemment entretenues et les filles publiques. Un auteur les a très-bien définies. « On les » prendroit , dit - il , pour les femelles des courtisans ; elles ont » effectivement tous les mêmes vices, employent les mêmes ruses

» et les mêmes moyens, font un mé-
» tier aussi désagréable , ont autant
» de fatigues , sont aussi insatia-
» bles; en un mot, leur ressemblent
» beaucoup plus que les femelles de
» certaines espèces ne ressemblent
» à leurs mâles. »

Au dessous des courtisannes, par le rang, sont les *filles entretenues.* Elles sont moins dépravées. Elles ont un amant qui paie, dont elles se moquent , qu'elles rongent et dévorent, et un autre à leur tour, qu'elles paient , et pour lequel elles font mille folies.

Ou ces femmes deviennent insensibles , ou elles aiment jusqu'à la fureur. Alors elles paient à l'amour le tribut d'un cœur délicat. Sur le retour elles ont la rage de se marier. Ceux qui préfèrent la fortune à l'honneur , les épousent et s'avilissent. Ces épouseurs sont ordinairement un petit violon , un médiocre , un mince architecte.

On ne dit point en Perse (selon le

marquis d'Argens) la *Zaïde* , la *Fatime* ; mais la *cinquante tomans*, la *vingt tomans*. (Un *toman* vaut quinze écus de notre monnoie). De même, ajoute-t-il , aux noms de nos filles entretenues , on devroit substituer ceux de la *cent louis* , la *cinquante Louis* , la *dix louis* , etc. le tout pour l'utilité publique et l'instruction des étrangers , qui paient fort souvent à un prix excessif, ce qui est à très-bon marché pour tout le monde.

CHAPITRE III.

Aventure de Colleville, *jeuue Américain, avec la* Misson, *fille entretenue, élève de la* Montigny, *et la* Duquène, *sa matrone.*

JE suis né à St.-Domingue, mon père originairement roturier et très peu à son aise, étoit enfin devenu un des plus riches de l'île, et lorsque ses deux habitations furent au point de rapporter plus de cent mille liv. annuellement, il jugea à propos d'acheter une charge de secrétaire du roi. J'étois fils unique, et comme mon père avoit de grands desseins sur moi, il me fit passer en France à l'âge neuf ans, et me mit au collège de la Flèche, pour m'y faire donner une éducation convenable à ses vues. A dix-sept ans il m'envoya à Paris, avec ordre à son banquier de ne me laisser manqner de rien, et de me compter tout l'argent que je lui demanderois. Dès le premier mois, je me jettai dans les connoissances brillantes, sans m'embarrasser de ce qu'elles me coûtoient ; et rien de plus cher pour les gens de ma naissance que leurs liaisons avec les grands qui ne font cas d'eux qu'autant qu'ils pouvoient servir à leurs intérêts et à leurs plaisirs. Mes dépenses furent si énormes, que le banquier, en me représentant qu'il craignoit que mon père ne les désavouât, jugea à propos de me fermer sa caisse, jusqu'à ce qu'il eut reçu de nouveaux ordres. Je fus fort étonné de son procédé, dont il m'avoit cependant menacé depuis long-temps. Mais graces aux conseils de mes camarades, je me jettai dans les expédiens, lorsque je reçus une lettre de mon père qui me mandoit qu'il venoit de repasser en France pour l'acquisition d'une terre de cinq cent mille livres auprès de Vannes, où il comptoit passer un an ou deux pour la mettre en état, me disant de prendre sur le champ la poste, pour aller l'y joindre, parce qu'il avoit la plus grande impatience de me voir et de m'embrasser.

Cette lettre fut un coup de foudre pour moi. Quitter Paris ! Quitter des sociétés charmantes, des plaisirs ravissans, pour courir m'enterrer avec des Bas-Bretons et un père que je ne connoissois qu'a peine. Cette idée étoit effrayante; mais ce qui me désesperoit plus que tout cela, c'étoit de quitter une certaine demoiselle *Misson*, dont j'avois fait la connoissance, qui, élevée dans *la plus grande sagesse* par une mère qui étoit un *modele de vertu*, et de plus *femme de condition* m'avoit totalement tourné la tête, au point que j'avois fait mon petit projet de n'avoir jamais d'autre femme qu'elle. Je respectois trop mon amour, pour

en avoir fait la confidence à mes amis;
j'en étois en un mot, aux grands sentimens, et j'étois dupe, car cette demoiselle Misson n'étoit autre chose
que la fille d'un boulanger ruiné du
faubourg St. Marceau, qui après avoir
fait son apprentissage chez la Montigni avoit été entretenue par un avo-
cat , ensuite par un capitaine de
dragon , puis avoit passé à un envoyé d'Hollande dont elle avoit eu
un enfant , et qui lui avoit laissé ,
en partant, dix à douze mille livres.
Mais comme elle trouva que ce n'é-
toit pas assez, elle s'étoit mise dans
la tête de tâcher de se donner un
état fixe , en trouvant quelque dupe
propre au sacrement. Pour exécuter
ce projet , elle s'étoit associée à une
autre femme d'intrigue, la Duquène,
pourvoyeuse de la Gourdan , et ré-
putée, dans son état, par l'art et la
finesse qu'elle y mettoit. Cette Duquène passoit pour la mère , et la
Misson , pour sa fille unique.

Elles affectoient dans leur quartier une décence et une régularité qui en avoient imposé à tout le monde. J'ignorois tout cela, et je tombai dans leurs filets. Voici comment.

Je la vis pour la première fois au Luxembourg, où le maintien de Mlle Misson me frappa autant que sa figure. Je l'y retrouvai deux jours après, et je ne manquai point d'y retourner le lendemain à la même heure. Je me rendis durant quinze jours très exactement à cette promenade pour l'y voir. Elle s'apperçut bientôt de mes sentimens pour elle, tant par mon assiduité que par les regards que je lui lançois continuellement. Lorsqu'elle vit que cela étoit sérieux, elle jugea qu'il étoit temps de me donner une occasion de lier connoissance. Un jour que je l'attendois à la porte du jardin pour me donner le plaisir de la voir passer, elle fit un faux pas expressement et faillit de tomber, j'accourus aussitôt pour lui aider à se relèver. Je lui offris mon carosse pour la reconduire chez elle. Sa mère le refusa d'abord. Cependant après quelques façons, elle lui permit de l'accepter ; et je les conduisis dans la rue de St.-André-des-Arts où elles logeoient ; on ne vouloit point me permettre de monter ; mais, après quelques instances, j'y réussis, et je donnai le bras à la fille. Tout dans leur appartement respiroit la modestie, et les meubles, quoique fort propre, répondoient à l'air de décence de ces dames. Je demandai en sortant la permission de m'informer de la santé de la malade qui se plaignoit beaucoup, et de lui faire ma cour ; on me répondit, mais très-poliment, qu'on n'étoit point sur le ton de recevoir de jeunes gens. Je persistai, je priai, et l'on me laissa entrevoir que je serois reçue. Je ne manquai pas d'y aller le lendemain. Mes visites continuèrent : la mère paroissoit quelquefois les trouver trop fréquentes ;

cependant j'étois reçue. Mon amour augmentoit chaque jour ainsi que mon respect : car on faisoit tout ce qui convenoit pour m'empêcher de me trop familiariser, et il y avoit environ deux mois et demi que j'en étois là, lorsque je reçus l'ordre de réjoindre mon père.

Mes arrangemens finis pour mon départ, j'en témoignai ma douleur à Madame et à Mademoiselle Misson auxquelles je communiquai la fatale lettre. Après quelques complimens qu'elles me firent l'une et l'autre, je déclarai mes sentimens à Madame Misson, et lui dis que depuis long-temps j'avois pris la résolution d'épouser Mademoiselle sa fille, si elle vouloit bien me faire un jour l'honneur de me l'accorder, et qu'en conséquence je lui apportois une promesse de mariage, signée de mon sang, avec un dédit de cent mille livres, que je la priois de vouloir bien recevoir. Madame Misson parut surprise de cette déclaration et me répondit en souriant, que c'étoit-là un feu de jeune homme, qu'elle, ainsi que sa fille, se garderoient bien d'entretenir aucune espérance; qu'à la vérité, ce mariage lui feroit bien de l'honneur de toutes les manières et plus encore par l'estime particulière qu'elle faisoit de moi; mais que je dépendois d'un père, qu'à mon âge une promesse de cette nature étoit une feuille de chêne; qu'outre cela on ne devoit point compter sur un jeune homme de dix-neuf à vingt ans, qu'un rien est capable de faire changer. Elle me pria de remettre ma promesse et mon billet dans ma poche. Je fus désespéré de cette réponse : je me jettai à ses genoux et à ceux de sa fille. Je priai, je pleurai et je fis tant; qu'on voulut bien, par complaisance, accepter mes deux écrits. Cependant, croiriez-vous que, malgré toutes ces avances, je ne pus seulement pas obtenir la permission de baiser la main de ma belle maîtresse ? il me fut uniquement permis

de

de lui écrire. Je m'arrachai de chez elle avec bien de la peine , pour monter dans ma chaise de poste , et je partis pour Vannes.

Avec quelle facilité , un jeune homme qui entre dans le monde, se laisse séduire par les plus grossiers artifice ! A son âge , son cœur encore neuf, ignore l'art de dissimuler. Sa franchise lui fait croire que tout est vrai ; il n'ose même soupçonner de mensonge quelqu'un qui sait assez bien composer son visage , pour le mettre d'accord avec ses discours. Est-il étonnant qu'il soit la dupe de tous ceux qui veulent se donner la peine de le tromper ?

Il seroit difficile d'exprimer les marques de tendresse et les transports avec lesquels me reçut mou père qui ne m'avoit pas vu depuis dix ans. Je tremblois qu'il ne me fit des reproches sur ma dépense ; il se borna à me dire : vous m'avez coûté beaucoup d'argent, mais pourvu que vous l'ayez employé en honnête homme , et que vous vous soyez amusé en bonne compagnie , j'en suis content. Cette bonté , ses caresses , les amusemens qu'il cherchoit à me procurer, le monde qu'il attiroit dans son nouveau château pour me dissiper , rien ne me faisoit perdre de vue Paris , et ma Misson. Mon ennui ne pouvoit se cacher , il paroissoit sur mon visage. Mon père qui s'en apperçut fut inquiet de mon état : il s'imagina que l'air du pays m'étoit contraire, il me le demanda. Cette question m'indiqua la réponse. Je lui dis que depuis un mois , je croyois m'appercevoir qu'il n'étoit pas favorable à ma santé ; mais que j'avois trop de plaisir d'être avec lui pour m'en plaindre. Le bon homme m'embrassa , les larmes aux yeux, et me dit qu'il seroit au désespoir de me faire payer ce plaisir et le sien , d'une santé qui lui étoit si chère ; que je n'avois qu'à prendre mes arrangemens pour retourner à Paris ,

où il iroit me joindre lorsqu'il auroit fini ses affaires ; que son inten-
tion étoit de m'acheter une charge au
parlement de Paris ; que pour cela il
falloit que je fisse mon droit, et qu'il
me recommandoit de bien employer
le temps, afin de me rendre capable de la remplir. Je lui promis
tout et me disposai à mon départ,
avec une joie que je cachai devant
lui autant qu'il me fut possible. Le
jour que j'attendis avec une si grande
impatience arriva. Je pris congé de
mon père dont les témoignages qu'il
me donna de sa tendresse me flat-
toient beaucoup moins qu'une lettre
de créance qu'il me donna sur son
banquier, sur laquelle je fis en route
les plus beaux projets du monde.

En arrivant à Paris, je volai chez
le banquier, où ayant pris douze
mille livres, je courus acheter une
toilette charmante, que je fis em-
baller galamment et que j'envoyai
à Mlle Misson, avec défense au
porteur de dire de quelle part elle

venoit. Deux heures après j'arrivai chez elle , et je la surpris dans le moment où elle faisoit l'inventaire des quarrés que j'avois remplis de dentelles , de rubans et de tout ce que je croyois lui être le plus agréable. En vérité, Monsieur , me dit la mère , aussitôt qu'elle me vit entrer, je suis fort étonnée de la façon dont vous annoncez votre arrivée ; je suis fort aise de vous voir de retour, mais non de vous voir faire des frais aussi considérables , pour une galanterie que l'on ne peut ni ne doit accepter. Ainsi , je vous prie , de vouloir bien faire reporter tout cela chez vous. J'eus beau nier que cette toilette vînt de ma part ; je fus contraint de l'avouer , et ce ne fut qu'après les instances les plus vives et des prières réitérées qu'on consentît qu'elle ne seroit point déplacée. Je rendis ensuite compte de mon voyage et du dessein que mon père avoit sur moi. On en fut très-content ; mais on le fut encore plus d'apprendre que je l'avois trouvé extrêmement cassé. Je continuai régulièrement à leur faire ma cour, quoique j'eusse rénoué avec mes anciennes connoissances et repris mon ancien train de vie. Quant à mon droit je me contentai tous les trois mois d'aller prendre mes inscriptions, sans me donner la peine d'ouvrir un livre qui traita de cette matière.

Au bout de dix-huit mois, mon père arriva à Paris, où il trouva que le mémoire du banquier montoit un peu haut. Il en parut un peu fâché; mais il m'adoroit et ma paix fut bientôt faite. Lorsque j'eus fini mon droit, il traita pour moi d'une charge a laquelle je fus reçus sans savoir un mot de tout ce qui regardoit mon état. Je me trouvai le dépositaire d'une pàrtie de l'autorité du prince, et un des arbitres de la fortune, de l'honneur et de la vie de ses sujets.

Quinze jours ou trois semaines

E 3

après ma réception, mon père son-
gea à me marier , et sans m'en rien
dire , il arrêta l'affaire avec les parens de Mlle Haurval , fille d'un
Maître-des-comptes, à qui l'on donnoit cent mille écus en contrats sur
l'hôtel-de-ville. Mon père en m'an-
nonçant le lendemain cette nouvelle,
vit aisément la fâcheuse impression
qu'elle faisoit sur moi. Il me dit là-
dessus tout ce qu'il pouvoit dire à
un fils chéri au-delà de toute ex-
pression. Je le priai de me donner
du temps pour penser à une affaire
aussi sérieuse. Il y consentit volon-
tiers , sous la condition seulement
que je la verrois , et que j'irois souper le soir même dans une maison
où elle devoit se trouver. Je fus
obligé de lui obéir et je l'y suivis.
Si je n'avois pas eu le cœur prévenu , j'aurois été frappé de la figure et des graces de Mlle Haurval,
mais je ne voyois que ma chère
Misson. Jamais homme n'eut l'air
plus embarrassé et plus maussade

que moi, pendant la partie qu'on me fit faire avec elle. Je ne savois ni où j'en étois, ni ce que je faisois. Le souper me parut éternel. Je dûs, sans doute, déplaire souverainement à la demoiselle et à tout le monde ; mais je ne m'en souciois pas. Lorsque nous fûmes sortis, mon père me parut extrêmement piqué du maintien que j'avois eu, et pour la première fois de ma vie, il me traita fort séchement. Vous avez apparemment, me dit-il ensuite, quelque inclination, et c'est, sans doute, quelque grisette qui vous tient au cœur. Je rougis à ce propos, mais je niai avec assurance, et lui dis, que ce n'étoit que le dégoût que j'avois pour le mariage, le suppliant de ne pas aller plus loin. Eh bien ! Monsieur, me dit-il, je ne vous en parlerai plus. Mais songez que vous faites aujourd'hui la plus grande sottise que vous puissiez faire de votre vie.

Ce mariage rompu, causa un si

grand chagrin à mon père, qu'il en tomba malade, ayant voulu trop prendre sur lui pour le renfermer. La maladie devint si sérieuse au bout de trois semaines, qu'à peine il eut le temps de régler ses affaires avant que de mourir. Cette mort dont je devois me regarder comme la cause principale, m'auroit vivement touché, si je n'avois aimé mademoiselle Misson, et si elle ne m'eut donné la liberté de me rendre heureux en remplissant mes projets. Je la fis annoncer le jour même à ma maîtresse, en lui mandant que j'étois désespéré de ne pas la voir de quelques jours, à cause des devoirs de bienséance dont je ne pouvois me dispenser. Cependant dès le lendemain, je ne pus résister à l'envie de passer une ou deux heures avec elle. Je pris un fiacre vers les onze heures du soir, et j'allai descendre à quelques pas de sa maison. Je me glissai dans l'escalier, enveloppé d'un manteau et une lanterne sourde à la main. J'avois depuis trois ou quatre mois une clef de leur porte que mad. Misson m'avoit donnée, afin, me disoit-elle, de ne pas avertir les voisins en frappant trop souvent, ce qui les avoit déjà fait un peu jaser sur leur compte ; ce n'avoit été qu'avec une grande répugnance qu'elle m'avoit remis cette clef, mais sous la condition expresse que je n'irois jamais chez elle passé huit heures du soir, sans quoi l'on me défendroit la porte pour toujours, ordre que je n'aurois jamais osé enfreindre.

Je fus fort surpris en entrant de ne trouver personne, ni dans la chambre de la mère, ni dans celle de sa fille. Je cherchai par-tout inutilement, sans pouvoir imaginer où elles pouvoient être. J'étois sur le point de m'en retourner, lorsque j'entendis des éclats de rire du côté du cabinet de toilette de mademoiselle Misson, j'y entrai : je n'y vis rien, à la vérité, mais le bruit me parut bien plus proche, je prêtai l'oreille et je crus reconnoître les voix de ces dames, qui me paroissoient être dans une conversation très-animée. Ma surprise augmentoit à chaque instant, en entendant ces propos gaillards, dont je ne perdois rien. Cependant je ne pouvois encore me persuader que ce fussent elles, et j'imaginai que ce pouvoit être quelques filles qui logeoient dans la maison voisine, séparée de celle-ci par une cloison. Mais je fus bientôt désabusé. Mon nom que j'entendis prononcer, plusieurs gorgées chaudes qu'on faisoit sur ma duperie, et le futur changement d'état de la demoiselle me mirent au fait. Furieux, je cherchois par-tout les moyens de joindre ces malheureuses. Après plusieurs recherches inutiles, quoique je ne fisse pas assez de bruit pour qu'elles pussent m'entendre, si leur conversation avoit été moins échauffée, je m'avisai d'ouvrir une armoire qui étoit dans le cabinet ; quelle fut ma surprise de voir une seconde porte que j'ouvris avec une précipitation qui effraya singulièrement ces dames ! Je les trouvai à table avec deux jeunes gens, dans l'état de la plus grande familiarité. Aux cris qu'elles firent et à la vue d'un spectre noir, qui sur - le-champ mit l'épée à la main, nos deux galans, sans songer à prendre leurs chapeaux, enfilèrent la porte, sautèrent les escaliers, et gagnèrent la rue de l'Hirondelle où donnoit cette double maison, que ces femmes avoient louée pour le métier qu'elles faisoient, l'une en qualité de tante et l'autre de nièce.

Je ne jugeai pas à propos de les suivre, toute ma fureur tomba d'abord sur la prétendue mère ou tante, que je maltraitai on ne peut pas plus, de propos, auxquels je joignis quelques coups de plat d'épée sur le visage. Elle s'enfuit dans la première maison où venoit de se sauver sa fille. Je courus après elle, et la cherchai par-tout, sans épargner tout ce qui se trouvoit sous ma main, je la joignis enfin dans la ruelle du lit de sa prétendue mère, où je lui donnai quelques coups de pieds dans le ventre. Pendant ce temps - là, madame Misson, ou plutôt la Duquène, car, puisque le masqué est tombé, du moins vis-à-vis de moi, je dois dorénavant la nommer de son vrai nom. La Duquène, après avoir eu la précaution de fermer l'armoire en question, passa dans la chambre de sa fille, dont la fenêtre donnoit sur la rue de St. - André - des - Arts, et cria de toutes ses forces : au meurtre ! à l'assassin ! Le guet qui passoit par-là dans ce moment, monta et fit ouvrir la porte. J'étois si transporté que je n'avois entendu ni crier, ni monter, je fus donc pris sur le fait, arrêté et conduit chez le commissaire, où l'on commença à dresser un procès-verbal. J'eus beau me justifier, en racontant la chose telle qu'elle s'étoit passée, tout parloit contre moi ; des meubles cassés, une mère et sa fille meurtries de coups,

sur-tout

sur-tout deux femmes dont la réputation étoit en si bonne odeur dans le quartier ! Pour rendre mon cas plus grave, elles imaginèrent une accusation qui devoit les combler de confusion et faire ouvrir les yeux par son absurdité ; mais mes fureurs et mes excès avoient tellement prévenu les spectateurs contre moi, que tout ce que l'on disoit à ma charge étoit reçu comme vérité prouvée et incontestable. Elles déclarèrent donc que j'avois des crochets ou des fausses-clefs, puisque j'étois entré chez elles à leur insu, et quoique la porte fût fermée. On alloit me fouiller; pour éviter cet affront, je montrai les clefs que j'avois reçues de ces femmes : elles assurèrent que je les leur avois escamotées la veille, et elles furent crues. Toutes les circonstances fâcheuses sembloient concourir pour accroître mes torts et ma confusion. J'étois en pleureuse, c'étoit le lendemain de la mort de mon père : j'étois surpris faisant carillon dans une maison. J'avois dû me nommer et avouer, pour ne pas être conduit au Châtelet, que j'étois conseiller au parlement. Le commissaire, assez embarrassé, prit cependant le parti de me faire reconduire chez moi et de m'y faire garder à vue, jusqu'à ce qu'il eût rendu compte au premier président, pour qu'il décidât quelle conduite on devoit tenir avec moi, après une violence qui paroissoit aussi criante. Il étoit sept heures du matin, avant que tout le verbal fût achevé, qu'on fût allé reconnoître la clef, qu'on eût fait nombre d'interrogations à ces femmes, et qu'on m'eût reconduit chez moi, où mon arrivée fit un grand éclat; car, voir un conseiller au parlement ramené par le guet pour avoir été surpris faisant tapage la nuit de l'enterrement de son père, cela scandalisoit tout le voisinage : aussi, j'étois désespéré.

Le premier président , instruit par le commissaire , me manda. J'essayai de me justifier par le récit du fait dans toute sa vérité ; je le priai de faire visiter la maison, et sur-tout cette prétendue armoire d'où dépendoit ma justification ; il y consentit , et envoya chercher le commissaire qu'il chargea de faire lui-même cette visite ; mais toutes ces allées et venues avoient consumé bien du tems que les dames avoient su mettre à profit : se doutant de ce qui arriveroit, elles ne s'étoient point endormies. A peine étoient-elles rentrées chez elles en venant de chez le commissaire , que, par la maison de la rue de l'Hirondelle, elles avoient fait boucher à la hâte la porte qui étoit dans l'armoire, tandis que la fille avoit remis de son côté les planches qu'elle avoit de suite garnies de hardes et de linge. Il y avoit plus de trois heures que cela étoit fait , lorsque le commissaire arriva chez elles : aussi s'empressèrent-elles à lui ouvrir tout. Après qu'il eut rendu compte au premier président de sa visite, celui-ci me jugeant coupable, me ferma la bouche sur tout ce que je voulois lui répondre, me disant que j'étois fort heureux d'appartenir au corps dont il avoit l'honneur d'être le chef; que, sans cela, il m'abandonneroit à toute la rigueur de la justice; mais que, pour sauver l'honneur de la compagnie, il vouloit bien se charger de l'accommodement; que le lendemain au matin, il me rendroit sa réponse, et que j'eusse à m'y conformer; sans quoi je n'aurois qu'à me défaire de ma charge. Là-dessus il me congédia, et envoya chez les dames Misson pour les prier de passer chez lui à six heures du soir, et sur tout de suspendre jusqu'alors toute poursuite contre moi.

Elles s'y rendirent exactement et jouèrent parfaitement leur rôle. Madame Misson, après des plaintes ac-

compagnées de tout le pathétique de
la meilleure comédienne , conclut
par dire qu'elle s'en rapporteroit
au jugement que Monseigneur
voudroit bien prononcer , très-sûre
que l'équité et la justice en seroient
la base ; qu'à la vérité , après une
pareille aventure , elle sentoit le tort
qu'elle avoit eu de m'avoir donné
entrée chez elle ; mais que, lui ayant
rendu quelques services , elle n'a-
voit pu se dispenser de cet acte de
reconnoissance ; qu'ensuite trompée par mon extérieur , elle s'étoit
laissée aller , pour ainsi dire , malgré elle , à recevoir une promesse
de mariage pour sa fille , avec un
dédit de cent mille livres ; que ç'a-
voit été pour les r'avoir de force,
que j'avois fait la scène de la nuit
dernière ; mais que , me connois-
sant présentement tel que j'étois ,
toute ma fortune ne seroit pas capable de la déterminer à sacrifier
le bonheur de sa fille qui m'aimoit
à la vérité , mais qui seroit assez

maîtresse d'elle-même pour vaincre son amour pour un homme qui s'en étoit rendu absolument indigne ; qu'elle lui remettoit entre les mains les billets, ne demandant autre chose , après de telles violences et des calomnies aussi atroces , qu'un dédommagement convenable pour elle et pour sa fille , et sur-tout une réparation qui mît leur honneur à couvert, avec autant d'éclat que j'en avois fait pour les perdre ; que , sans cela, elle le prioit de ne pas trouver mauvais qu'elle prît la voie ordinaire de la justice , pour me poursuivre sur tous les différens chefs d'accusation qu'elle avoit à former contre moi.

Le premier président , ébloui par le ton emphatique de cette femme , et subjugué par quelques larmes qu'elle avoit eu l'art de laisser couler à propos , accepta la médiation , et , après quelques débats , l'engagea à exiger seule-

ment une réparation en bonne
forme, que je lui ferois par acte
pardevant notaire ; que je lui
payerois dix mille livres pour les
dédommagemens , et cinquante
pour le billet de sa fille ; qu'au
moyen de cela , elles me donneroient un désistement de la plainte
criminelle, et me remettroient le
billet et la promesse de mariage.
Madame Misson accepta ces propositions avec un plaisir intérieur,
mais qu'elle se garda bien de faire
paroître ; au contraire , elle té-
moigna très-expressément que, si
elle s'en contentoit , ce n'étoit que
pour obliger Monseigneur.

A peine furent-elles sorties de
chez le premier président , qu'il
me fit appeler ; dès que j'entrai
dans son cabinet , il voulut me
faire sentir tout mon bonheur de
ce que ces dames avoient bien
voulu se contenter des propositions dont il me rendit compte.
On peut juger combien elles me

révoltèrent. Je lui répondis qu'absolument je n'en passerois point par-là , que je vendrois plutôt ma charge et plaiderois en règle ; que ces prétendues dames n'étoient que des malheureuses qui, à force d'hypocrisie et d'impudence , avoient su l'intéresser à leur sort de la même manière qu'elles avoient su me séduire ; et que je ne tarderois pas à fournir les preuves de tout ce que j'avançois.

Le premier président avoit d'abord pris le haut ton ; mais mon air de vérité et d'assurance l'ébranla : je serois même parvenu à lui faire avouer qu'il avoit été un peu trop lestement en besogne, si son amour-propre ne s'y étoit opposé. Le premier président du parlement de Paris , à son avis, le premier tribunal du monde, pouvoit-il avouer qu'il venoit d'être la dupe de deux coquines? Cela étoit impossible , aussi ne le fit-il pas ; il prit un ton radouci et me fit en-

tendre que , quand même cela seroit comme je le prétendois , la
tournure que l'affaire avoit prise
et toutes ses circonstances exi-
geoient que , pour mon honneur
et ma tranquillité , je sacrifiasse
tout pour étouffer cette affaire ;
que les coups , les meubles brisés ,
et les violences auxquelles je m'é-
tois porté , seroient , dans tous les
cas , un sujet de condamnation en
dédommagement ; qu'au surplus ,
la compagnie , loin de me soute-
nir , m'obligeroit à me retirer , et
que je serois perdu de réputation.
Enfin il fit tant que , pour ne pas
lui donner le démenti, j'en passai
par où il voulut.

L'affaire fut assoupie, à la grande
satisfaction de ces femmes qui cependant ne jouirent pas long-tems
de leur triomphe. Les sommes
qu'elles reçurent de moi, les ayant
mises en état de se monter sur un
meilleur ton , elles changèrent de
quartier et allèrent occuper une

maison, rue du Gros-Chenet, où elles reprirent leurs premières allures. Elles ne furent pas long-tems en bonne intelligence : l'inrérêt et le libertinage les avoient réunies ; l'intérêt et le libertinage les divisèrent, et voici comment.

Un jeune homme très-aimable fréquentoit cette maison : chacune de ces deux femmes jeta son dévolu sur lui. Les écouter, les flatter toutes les deux, cela n'étoit pas bien difficile ; mais contenter leur lubricité sans éveiller leur jalousie, c'étoit un travail qu'Hercule, à coup-sûr, n'auroit pas entrepris, et notre jeune galant ne tarda pas à sentir qu'il étoit au-dessus de ses forces ; il y renonça, et, sans trop s'embarrasser des suites de son choix, il donna la préférence à la plus jeune. Si Pallas, la déesse de la sagesse, voua une haine implacable et éternelle à Vénus qui avoit su mériter la pomme, comme la plus belle, doit-on s'étonner qu'une femme publique n'ait pu voir de sang-froid sa rivale en débauche lui enlever un jeune amoureux dont elle faisoit ses délices ? Les femmes de cet état vont vîte dans leurs amours, ainsi que dans leurs querelles. Aux soupçons succédèrent les reproches, puis les injures, c'est-à-dire, des vérités bien frappantes, puis les menaces.

Ce qui augmenta l'animosité de ces belles, fut que la maman déclara que tous les meubles et effets appartenoient à elle seule, et que sa fille pouvoit aller chercher un logement ailleurs. Elle essaya en effet de la mettre à la porte : alors chacune se reprocha ses vilainies, et la scélératesse des deux champions fut mise au grand jour : la langue ne fut pas la seule arme dont elles se servirent ; les pieds et les poings furent mis en activité, et le tapage devint enfin si grand que le Guet survint, enleva ces deux athlètes et les conduisit chez le commissaire du quartier.

Chemin faisant, elles réfléchirent qu'une telle scène ne pouvoit que leur nuire beaucoup , en découvrant tout l'odieux de leur conduite, de sorte qu'elles résolurent de se réconcilier. En effet , arrivées en présence du commissaire, elles le prièrent de les excuser pour cette fois , offrirent de payer une somme aux pauvres , en expiation du scandale qu'elles avoient causé , promettant de faire régler leurs différends par des arbitres. Le commissaire paroissoit assez disposé à leur accorder cette demande; mais , leur ayant demandé leurs noms, leur état et leurs qualités, la plus âgée répondit qu'elle se nommoit *Amélie Dervinac*, veuve de feu François Misson , gentilhomme Breton , et que la jeune demoiselle qui l'accompagnoit , se nommoit *Adelaïde Misson* , sa nièce; que, voulant se séparer, le paiement de sa pension et le départ de ses meubles avoient fait naître entre elles la querelle dont il s'agissoit. Le commissaire, satisfait de ces réponses , alloit les congédier , lorsqu'un sergent du guet s'approcha du magistrat et lui demanda la permission de parler ; ce qui lui ayant été accordé, il s'exprima en ces termes : Je demande mille pardons à madame la douairière de Misson et à mademoiselle sa nièce, mais je dois dire que, si je ne rêve pas dans ce moment-ci, c'est elle qui rêve , ou du moins qui vient de faire à monsieur le commissaire un joli petit roman. La vérité est qu'elle n'eut jamais d'autre époux légitime que feu le gros Thomas Duquesne, brave honnête homme qui , après s'être brouillé ici avec la justice pour quelques espiègleries , est allé finir glorieusement ses jours au service du Roi , en ramant de Toulon à Marseille, et de Marseille à Toulon.

Quant au noble Breton , monsieur Misson , si jamais il a connu madame , c'est sans doute dans ses visites chez la Montigni ou chez la Gourdan, où elle a en effet contracté plus d'un engagement. A ces mots bien faits pour confondre la plus intrépide des menteuses , la Duquesne ne savoit quelle contenance tenir ni quel parti prendre. Redoublera-t-elle d'impudence ? Avouera-t-elle la vérité ? Son embarras augmenta encore, lorsque le maudit sergent ajouta : Si madame ne se rappelle pas ces faits , je vais lui en citer d'autres plus particuliers et plus frappans , si toutefois M. le commissaire veut bien me le permettre. Le commissaire ayant fait de la tête un signe d'approbation : Eh bien! dit le sergent, madame se souviendra sans doute de ce jour du nouvel an, où, pour la récompenser de s'être procuré de riches étrennes sans le consentement du propriétaire, elle fut conduite à Saint-Martin, et puis invitée à passer six mois à l'Hôpital. Cette anecdote suffit-elle à madame? en ajouterai - je quelques autres de la même espèce? En voilà assez, dit le commissaire. Et sa nièce, la connoissez-vous ? Le sergent la regarda attentivement , puis répondit qu'il ne la connoissoit pas , mais que , s'il faisoit entrer le caporal , il la reconnoîtroit assurément. Cela n'est pas nécessaire , dit aussitôt Adelaïde ; je saurai bien donner ces instructions moi-même ; je prie seulement M. le commissaire de faire sortir ce bavard. Le magistrat ayant fait signe au sergent de sortir , dès qu'il fut dehors , les deux femmes se jetèrent aux genoux du commissaire et lui avouèrent toutes leurs prouesses , le conjurèrent de les leur pardonner ; et, pour l'y engager, elles lui dirent que leur mobilier et leurs épargnes se montant à une somme considérable , elles lui en donneroient le tiers , pour en disposer comme il le trouveroit bon. J'accepte votre offre , répondit gravement le magistrat ; j'en dispose dès à présent en faveur des hôpitaux , en attendant que la justice dispose du reste ; car vous êtes deux malheureuses qui n'avez que trop long temps et trop impunément abusé le public ; il faut que vous expiiez vos fautes. Après avoir dit ces mots , il leur tourna le dos , sonna et donna les ordres afin qu'on les conduisît à Saint-Martin , et qu'on mît leurs meubles sous les scellés.

Leur sort fut bientôt décidé ; elles furent condamnées à douze ans de réclusion à l'Hôpital général auquel on donna tout ce qu'elles possédoient.

Dès que j'appris toutes ces circonstances , j'en fis un précis que j'envoyai à M. le premier président ; je ne pus résister au plaisir de cette petite vengeance , dédommagement bien foible des tourmens que ces deux femmes scélérates m'avoient causés.

Lorsque j'arrivai en France, j'avois tout ce qu'il faut pour devenir un jour un homme heureux et respectable, fortune, esprit, figure, le cœur excellent et les intentions pures. La malheureuse connoissance que je fis de ces deux femmes, m'enleva tous ces avantages. Ce fut pour elles que je refusai l'alliance de mademoiselle Haurval ; elle est présentement l'épouse d'un homme dont elle fait les délices, et qui est plus digne que moi de ce bonheur.

O vous ! ô le plus respectable des pères , puissiez-vous avoir entendu tous les regrets de votre malheureux fils , et lui pardonner le moment d'erreur qui vous a conduit au tombeau ! Déjà j'ai expié cette faute.

Ici finit le Mémoire du jeune Colleville. Ayant eu l'occasion d'apprendre d'un de ses amis quel fut le sort de ce jeune homme , je crois devoir en faire part à mes lecteurs ; c'est donner une leçon utile aux jeunes gens , que de leur apprendre combien il est nécessaire d'apporter toute la prudence possible dans le choix de ses premières connoissances.

Une seule démarche imprudente et hazardée , et cependant innocente , a perdu Colleville ; elle fut la source de tous les malheurs qui l'ont successivement accablé, et qui l'ont précipité dans le gouffre de la misère.

Après avoir été trompé et deshonoré par deux femmes qu'il croyoit honnêtes, il conçut contre tout le sexe un violent mépris. Je ne serai plus trompé , se dit-il; je ne verrai plus d'autres femmes que celles qui sont incapables de me tromper , celles enfin qui , ayant jeté le masque de la pudeur et de la décence , me dispensent de toute retenue à leur égard. Je leur supposerai tous les vices possibles, elles ne pourront donc me tromper. Étrange raisonnement, dont la fausseté est frappante ! Colleville ne tarda pas à s'en appercevoir ; mais entraîné comme malgré lui par le tourbillon des passions , ne voulant s'attacher à aucune femme , il en courtisoit mille. Courtiser une femme galante , ce n'est pas aller à l'économie ; les cadeaux et dépenses de toute espèce alloient grand train. Dans l'ivresse de ses plaisirs, il ne s'apperçut pas d'abord du dérangement de ses affaires. Son père lui avoit laissé des biens considérables pour son état : il prit le parti de monter une maison brillante. Il fit emplette, à l'Opéra , d'une de ces divinités dont on acquiert la jouissance au poids de l'or; il fréquentoit , outre cela , les sérails les plus renommés ; celui de la Gourdan avoit souvent la préférence. Il est impossible de pousser plus loin que cette entremetteuse, l'art de procurer aux libertins les jouissances les plus diverses, et de tirer plus adroitement les sommes les plus fortes de ceux qui avoient le moyen de payer leurs goûts et leurs caprices. Colleville étoit d'autant mieux venu et mieux traité chez elle, qu'il étoit le plus généreux des habitués de l'hôtel.

En allant ce train, il vint à bout en moins de deux ans, outre ses revenus, et plus de quatre-vingt mille livres qu'il avoit trouvées à la mort de son père, d'en dissiper plus de quatre cent mille dont il s'endetta.

Ceux qui avoient intérêt à le voir se ruiner, puisqu'ils se partageoient ses dépouilles, lui disoient tous les jours, que des habitations étoient un bien fort incommode, qu'il n'y avoit rien de tel que d'être à portée de ses terres. Il le crut, et le besoin d'argent le lui persuada ; il chercha à s'en défaire. L'une rapportoit à son père quarante - cinq mille livres rendues en France, et l'autre près de soixante ; mais elles étoient, en ce moment, dans un assez mauvais état, parce qu'il n'avoit pas eu le soin d'y remettre des nègres et de faire les réparations nécessaires. Son régisseur, sentant qu'il avoit affaire à un jeune homme tout occupé de ses plaisirs, avoit songé à ses propres intérêts, de sorte que ses biens produisoient à peine soixante mille livres.

La Gourdan lui présente un capitaliste qui en offroit onze cent mille liv. comptant, et le reste en trois paiemens égaux à faire en trois ans. Il conclut, et crut avoir fait un marché admirable. Il paya ses dettes, fit des emplettes, donna des fêtes. Le nombre de ses amis s'accrut étonnamment ; plusieurs femmes le prièrent de leur prêter, l'une cinquante louis , l'autre cent ; d'autres plus modestes n'en demandoient que trente. Comment refuser à une jolie femme une telle bagatelle ? Il accordoit tout , et on lui disoit qu'il étoit charmant. Il lui restoit, en Bretagne, une terre qui lui rapportoit vingt-cinq mille livres de rente : il suivit encore le conseil perfide que lui donna la dame Gourdan , l'intendante de ses plaisirs : cette fameuse entremetteuse, trop experte dans l'art de dépouiller les libertins de leur fortune , lui conseilla de vendre sa terre; elle l'aboucha avec un acheteur qui lui en donna six cent mille livres. Colleville crut faire un marché admirable , et donna deux mille écus d'épingles à l'entremetteuse qui, pour le remercier , lui fit faire la connoissance d'un banquier qui prit les fonds du jeune homme , s'engagea à lui en payer les intérêts à six pour cent, payables par trimestre. Il jouit de ses revenus pendant dix-huit mois ; il étoit fort à son aise, et content sur-tout de vivre sans inquiétude , lorsqu'un matin, un de ses amis, en causant de chose et d'autre , lui dit comme une nouvelle indifférente , que le banquier R.... venoit de faire banqueroute , et qu'il s'étoit évadé. Cette nouvelle fut un coup de foudre pour Colleville; il resta un quart-d'heure immobile de surprise et de douleur. Dès qu'il fut revenu à lui-même , il fit mettre les chevaux à sa voiture et courut chez R..., il trouva la porte fermée, et on lui dit que la justice venoit d'y mettre le scellé. On eut toutes les peines du monde d'empêcher ce malheureux jeune homme d'attenter à ses jours. On dut le garder à vue pendant plusieurs jours. Après un tel éclat, la nouvelle de sa ruine se répandit partout, ses créanciers assiégèrent son hôtel. Au lieu de les rassurer par des promesses , ou de leur proposer un

arrangement convenable à tous, il leur tint sa porte fermée. Ils crurent qu'il n'y· avoit pas de quoi les payer, et se pourvurent en justice. Colleville crut que, dans cette situation, la Gourdan l'aideroit ou lui procureroit quelques ressources: elle s'y refusa absolument. Il lui reprocha alors les mauvais conseils qu'elle lui avoit donnés. « Que vou-
» lez-vous, mon cher Colleville, lui
» répondit - elle en ricanant ; j'é-
» tois payée pour cela ; d'ailleurs ,
» M. R...... dépensoit beaucoup
» d'argent dans ma maison : n'é-
» toit-il pas juste que je lui pro-
» curasse les moyens de continuer
» ses générosités ? »

Trois jours après, sa charge et ses meubles furent saisis ; en moins de trois semaines, les frais égalè-rent les créances : il avoit pour plus de quatre - vingt mille livres de meubles et d'argenterie, sa charge pouvoit en valoir autant ; il devoit tout au plus soixante-dix mille francs , il auroit pu sauver cent mille livres ; mais il avoit perdu la tête. La vie crapuleuse qu'il avoit menée le rendoit incapable d'une conduite sage; et, faute de se remuer et d'arrèter le cours des procédures , il laissa tout dévorer. On vendit en règle , par conséquent un tiers moins que les choses ne valoient. A peine y eut-il de quoi satisfaire les créanciers. Son valet de chambre emporta , sans prévenir son maître , pour sept ou huit mille livres de hardes dont il lui rendit par la suite un compte bien plus exact que plus de trente seigneurs à qui , depuis quatre ou cinq ans , Colleville avoit prêté au moins cent mille livres sur leur parole. Il leur écrivit : la plupart ne daignèrent pas seulement lui faire réponse ; les autres nièrent la dette. Ses plus chers amis , du tems de son opulence , ne donnèrent aucun signe de vie.

Dès qu'il fut capable de prendre

un parti , il se retira dans une petite chambre qu'il loua à un qua-
trième , rue Saint-Jacques , où il
tomba dangereusement malade ; il
y fut deux mois entre la vie et la
mort , n'ayant d'autre compagnie
que celle de son fidèle valet de
chambre qui ne voulut jamais le
quitter. Cependant, après une crise
salutaire , sa maladie diminua , il
fut hors de danger , et sa santé se
rétablit peu-à-peu. Il vendit alors
tout ce qu'il avoit pu sauver de sa
fortune , et en fit environ dix mille
livres comptant. Il offrit cent pis-
toles à Bellegarde , son valet de
chambre , qui ne voulut jamais les
accepter , disant à son maître :
« Gardez cet argent, vous en avez
» plus besoin que moi ; je suis né
» dans un état où l'on ne manque
» point , lorsqu'on est honnête
» homme. » Colleville fut vivement
touché de voir d'aussi beaux senti-
dans un domestique ; il en sentoit
mens sur-tout la beauté, lorsqu'il les

comparoit à l'ingratitude des personnes riches avec lesquelles il avoit
vécu. Rien n'est étonnant en cela:
ceux qui ont vécu dans le malheur,
ont été, plus que d'autres, à portée
de réfléchir sur les hommes et de
les connoître. Ils ont tous observé
que plus on descend, plus on
les trouve près de la nature, et
plus, par conséquent, on voit
dans eux de droiture, de vérité,
de gratitude et d'humanité ; plus
on monte, au contraire, moins on
l'apperçoit cette nature si simple
et si vraie. C'est l'éducation qui ne
sert qu'à l'étouffer dans notre cœur,
en y substituant tout le faux de
l'art. Je dois ici avertir le lecteur
que, par nature, je n'entends pas
cet état de brute dans lequel vit
l'antropophage; mais la nature mi-
tigée par une bonne éducation, la
nature enfin dépouillée de l'âpreté
et rudesse du sauvage : en un mot,
je ne prétends pas mettre l'homme
civilisé au-dessous du sauvage, mais

H 2

je dis que l'éducation des hommes et leur civilisation souvent les ont pervertis, en étouffant en eux les meilleurs sentimens que la nature y avoit mis, sentimens qu'une bonne éducation se garde bien d'étouffer; au contraire, elle les épure et les fortifie, et laisse l'homme aussi près de la nature qu'il est possible, pour en faire un homme civilisé.

Colleville n'étant plus en état de garder un domestique, il fut contraint de conseiller à Bellegarde de chercher une autre condition, qu'il trouva bientôt. Quant à son maître, il resta dans sa petite chambre sans trop savoir quel parti il prendroit. Après y avoir réfléchi deux jours, il résolut de prendre l'état de comédien. Les succès qu'il avoit obtenus sur quelques théâtres de société, où il avoit joué les rôles de premier amoureux, furent les raisons qui décidèrent son choix. Il s'engagea pour Lyon où il se rendit, y débuta et fut fort applaudi ; il y vivoit assez heureux, lorsque le hazard lui fit rencontrer une femme qu'il avoit intimément connue à Paris, où elle étoit un des principaux ornemens du fameux sérail de la Gourdan. Les désastres de Colleville, tout affreux qu'ils étoient, n'avoient point encore étouffé dans lui le goût de la débauche, auquel l'habitude avoit accoutumé son cœur ; il se réveilla plus que jamais auprès de l'infâme Caroline ; elle ne tarda pas à le brouiller avec ses camarades. Les désagrémens et les dégoûts qu'ils lui firent éprouver, le forcèrent à quitter Lyon pour se rendre à Lille en Flandre. Caroline voulut le suivre, quoiqu'elle avoit à Lyon, disoit elle, de très-belles connoissances qui lui rapportoient gros. Colleville y consentit, à condition qu'elle mèneroit dorénavant une vie plus retirée, qu'elle ne seroit attachée qu'à

lui - seul , et qu'ils ne séjourne-
roient à Paris que trois jours.
Elle jura d'observer ce traité avec
une scrupuleuse exactitude : ils
partirent peu de jours après par
la voiture publique et arrivèrent à
Paris.

Le lendemain de son arrivée,
étant à l'Opéra, il crut appercevoir au parterre un jeune homme
nommé Forcy , qu'il avoit vu à
Lyon plusieurs fois, et notamment
la veille de son départ ; il lui étoit
suspect à plus d'un titre ; c'étoit
un roué dans le genre de George ,
dont il est fait mention dans les
chapitres IV et V du tome 2. Sa
figure , quoiqu'assez jolie , avoit
quelque chose de faux et de sinis-
tre , qu'il tâchoit de corriger par des
manières extrêmement polies , pré-
venantes et flatteuses. Souvent il
parloit à Caroline à la dérobée et
avec mystère Colleville lui en avoit
fait des reproches et des remontran-
ces fondées sur la mauvaise réputa-

tion de Forcy ; elle n'y avoit répondu qu'en niant d'avoir quelques relations avec lui, et assurant que le hazard seul avoit amené les entretiens dont on l'accusoit. Dès que Colleville l'apperçut à l'Opéra, il le fit remarquer à Caroline qui, à l'instant, changea de couleur ; puis, s'étant remise, elle assura que Colleville se trompoit ; que l'individu qu'il voyoit au parterre, ressembloit à Forcy, mais que ce n'étoit pas lui ; qu'au reste cela ne la regardoit pas ; que Forcy étoit bien le maître de venir à Paris ou de rester à Lyon.

Après le spectacle, nos jeunes gens retournèrent à leur hôtel, rue du Mail. Toute la nuit, Colleville ne fit que penser et rêver à Forcy et aux mauvais tours qu'on contoit de lui.

Le lendemain, notre voyageur proposa à Caroline de sortir avec lui pour faire emplette de plusieurs choses nécessaires à son état, et que

l'on ne trouve qu'à Paris ; elle s'ex-
cusa de l'accompagner , sur des
douleurs qu'elle ressentoit dans les
reins et dans les jambes. Il sortit
donc seul vers les dix heures du
matin. Après avoir dépensé vingt
louis , dont quinze pour lui et
cinq pour Caroline , (car il savoit
que l'on n'est bien auprès de ces
femmes qu'autant qu'on est généreux) il rentra vers les quatre
heures. Le portier parut surpris en
le voyant , et lui demanda s'il avoit
oublié quelque chose. Il ne fit
guères attention à cette question,
et s'avança vers l'escalier , suivi du
cocher et d'un commissionnaire
qui avoit tiré du fiacre les divers
paquets contenant les emplettes.
L'hôtesse l'appercevant , lui demanda où il alloit ; — A ma chambre , lui répondit il. — Nous vous
croyions parti , monsieur , avec la
dame qui vous accompagnoit ; et
nous avons disposé de votre chambre. — Quoi ! s'écria Colleville

en pâlissant, Caroline seroit partie !
Oui , monsieur , elle est partie à
midi précis, dès que vous l'eûtes
envoyé chercher par ce monsieur
vêtu en gris ..... Moi, dit Colleville, je l'ai envoyé chercher par
un monsieur ?..... Et mes malles ?
— Ils ont tout emporté , répondit
la dame ; ils ont dit qu'ayant loué
un appartement au faubourg St.-
Germain , vous voulez l'habiter
dès aujourd'hui ; elle fit alors le
portrait du monsieur à l'habit gris,
et Colleville , ne doutant plus que
ce ne soit une nouvelle escroquerie
à ajouter à la liste nombreuse de
celles de Forcy , entra dans un
accès de désespoir et de fureur impossible à dépeindre ; il dura toute
la journée ; le soir ses forces l'a-
bandonnèrent , il tomba dans un
assoupissement , un engourdis-
sement aussi pénible à voir que
ses fureurs. Cet infortuné pouvoit-
il, en effet, jeter un coup d'œil sur
sa situation , sans en être effrayé
t désespéré ?

Ses malles contenoient, en effets et en arg nt comptant , la valeur de vingt mille francs ; il ne lui restoit que ses emplettes du matin : en un clin d'œil , tout lui avoit été enlevé , et par qui? Par une femme qu'il combloit de ses bienfaits depuis un an.

Il étoit enfin convaincu qu'en vivant avec des personnes sans moralité, de quelqu'état et sexe qu'elles soient , l'on ne peut manquer d'en être la victime, quelque précaution qu'on prenne ; et que, pour vivre heureux et dans l'aisance , il faut ne s'entourer que de personnes probes, qui, par leurs principes , leur fortune, et leur genre de vie , se sont constamment rendues dignes de la considération et du respect publics.

L'hôtesse de Colleville ayant appris toutes les circonstances du malheur et de la détresse de ce jeune homme, monta dans le même fiacre et se rendit chez les divers marchands d'où il sortoit , pour les prier de reprendre leur marchandise et d'en rendre le prix; elle peignit la situation de ce jeune homme, avec des couleurs si vraies et si touchantes , qu'elle réussit à lui rapporter dix-huit louis des vingt qu'il avoit employés le matin.

Si ce secours , auquel il ne s'attendoit pas , ne le tira pas absolument de l'état affreux dans lequel il étoit tombé , au moins il le calma un peu, en lui prouvant qu'il existoit des ames honnêtes et sensibles. Cependant il lui fut impossible de se rétablir de ce coup terrible. Sa santé déjà très-affoiblie dépérissoit à vue d'œil : son ancien état , les folies de sa jeunesse , les trahisons de ses maîtresses , de ses amis et de toutes les personnes qu'il avoit obligées , la mort de son père enfin , tout se représentoit à son esprit et renouveloit ses peines et ses chagrins. Bientôt une mélancolie noire et taciturne s'empara de lui, il ne pouvoit plus voir personne , à peine proféroit-il quelques mots pour demander son nécessaire ou invoquer les mânes de son père auxquelles il adressoit les prières les plus pathétiques. Un marasme mortel fut la suite de cet état dans lequel enfin il succomba, pleuré et regretté du peu de personnes qui l'entouroient et qu'il avoit su s'attacher par sa douceur et sa patience autant que par ses malheurs ; il mourut en prononçant le nom de son père et de Bellegarde , son ancien valet de chambre. A peine ce qu'il laissa suffit il pour son enterrement. Leçon terrible pour la jeunesse imprudente !

CHAPITRE

CHAPITRE IV.

Suite de l'Histoire d'Eugénie Betfort.

Au milieu des forêts et des bêtes féroces qui les peuplent, loin des hommes qu'on nomme *policés, civilisés*, Eugénie avoit trouvé le bonheur, le vrai bonheur qui ne peut être goûté que par un cœur pur, un cœur étranger aux remords et aux desirs immodérés. A peine, dans un espace de huit ans, pouvoit-elle compter un instant de chagrin : tout lui avoit ri, tout lui avoit prospéré au milieu des Sauvages insulaires; tandis qu'au milieu de la France, sous les yeux, faut-il dire, du monarque le plus puissant, elle avoit été enlevée à ses parens ; vouée, vendue à l'infamie, confondue avec le crime ; sa vertu l'avoit conduite dans les fers. Eh bien ! depuis un mois, elle gémissoit après cette France où son imagination lui présentoit un surcroît de bonheur.

Il est vrai que c'étoit moins pour elle que pour ses enfans, qu'elle le desiroit. Son époux avoit donné tous ses soins à leur éducation : mais, lorsque le moment seroit venu de les établir, est-ce parmi les descendans de leurs infâmes compagnons de voyage , qui , pour tout héritage, n'avoient transmis que leur scélératesse à leurs enfans ; est-ce parmi les Sauvages qu'ils auroient trouvé des alliances heureuses ?

Après bien des réflexions , le voyage de France fut arrêté. M. Labousse avoit eu le bonheur d'accroître considérablement sa fortune et ses possessions ; il réalisa le tout, s'embarqua avec son épouse, ses deux enfans, un nègre, une jeune négresse, et voguèrent tous vers la France.

Ce seroit ici le moment de faire une superbe description d'une tempête, d'un naufrage et de tous leurs accessoires; mais ce n'est pas un roman que j'écris, c'est l'histoire trop véritable, hélas ! *des sérails de Paris.* Hâtons-nous donc d'en venir à ce qui concerne ces antres de prostitution, et disons que, favorisé par le vent et la fortune, le vaisseau qui portoit notre héroïne, arriva à la Rochelle sans aucun accident.

Sur ce nouveau théâtre de la vie d'Eugénie, les scènes les plus douloureuses vont succéder au bonheur qui avoit embelli ses jours. Ce ne sera plus Eugénie elle-même, qui narrera ses malheurs; je les ai recueillis d'une correspondance authentique; c'est moi-même qui vais essayer d'en faire le récit succinct et véritable.

Après avoir séjourné un mois à la Rochelle, pour se rétablir des fatigues de la traversée et faire à son costume les changemens indispensables, l'heureuse famille prit le chemin de Paris.

Ils y louèrent une maison vaste, saine et aérée, dans le faubourg Saint-Germain, firent petit-à-petit un choix sage et prudent de quelques amis pour leur société, et de maîtres pour leurs enfans.

Il y avoit six mois qu'Eugénie étoit à Paris, lorsqu'un soir, sortant du Luxembourg où elle avoit été promener avec son mari et ses enfans, une vieille femme la suivoit en parlant à une autre. Eugénie l'eut à peine entendue, qu'elle se retourne vers elle avec effroi, la regarde, s'écrie : Ah ! c'est elle !.... et tombe sans connoissance dans les bras de sa femme de chambre. Son époux la transporte dans une maison voisine où il lui administre des secours qui la rappellent à la vie. Elle ouvre enfin les yeux, les promène avec anxieté autour d'elle, examine chaque personne, serre avec force le bras de son mari, et lui dit avec l'accent de l'effroi : Oui, mon ami, ... oui, c'étoit elle .... elle-même...... sa voix...... m'a frappée au cœur....... ah! je tremble..... la méchante !....

Qui as-tu vu donc, ma chère amie, lui demandoit M. Labousse? Qui peut te causer cette crainte? Songe que tu n'as ici rien à redouter, non rien de qui que ce soit. Dis-moi donc, chère Eugénie, dis-moi qui a pu te causer cet effroi?

Lorsqu'Eugénie eut repris ses sens et une partie de sa tranquillité, elle dit que la voix de cette vieille femme qui causoit derrière elle, lui avoit d'abord rappelé celle de sa tante ; que, s'étant retournée pour la regarder, elle avoit vu dans toute sa personne une telle ressemblance, qu'elle ne pouvoit douter que ce ne fût elle.

Eh bien ! tant mieux , si c'est elle , reprit M. Labousse ; elle nous donnera des éclaircissemens sur tes parens dont je souhaite connoître l'existence , quels qu'ils soient. S'ils sont dans le besoin , je les en tirerai ; s'ils sont dans l'aisance , ils seront contens d'apprendre que nous y sommes aussi. En finissant ces mots , il envoya à la recherche de cette femme , mais on ne put la retrouver.

Dès qu'Eugénie fut en état de retourner à son logis , elle s'y rendit , et ne cessoit de parler de l'apparution de sa tante. Quelques jours après, on vint lui apporter une lettre sans signature, et conçue dans ces termes :

« Si madame Labousse desire ob-
» tenir quelques renseignemens
» sur sa naissance , elle peut avoir
» confiance dans la personne qui
» lui remettra cette lettre. »

Cette lecture combla Eugénie de joie. Elle fit appeler M. Labousse pour lui montrer la lettre, et le consulta sur la conduite qu'elle tiendroit. Il fut d'avis qu'il falloit introduire le porteur. Dès qu'il fut entré , M. Labousse lui demanda quels détails il pouvoit donner sur le sujet mentionné dans la lettre. Je ne sais rien autre chose, Monsieur , répondit le commissionnaire , si ce n'est que la femme qui m'a donné ce billet, offre de venir elle-même donner à Madame les éclaircissemens qu'elle pourroit desirer.

Eh bien! qu'elle vienne demain vers midi , lui dit Madame Labousse. Le commissionnaire sortit, et le lendemain la Dubois, car c'étoit elle , se présenta à l'heure fixée. Madame Labousse , en la voyant, ressentit un tressaillement violent; mais, s'étant presqu'aussitôt remise , à l'aide de quelques sels qu'elle respira , elle reçut sa tante avec l'air de bonté qui lui étoit naturel, s'informa même de sa santé et lui dit : « Vous n'êtes » pas à votre aise, je vous donne- » rai de quoi ne pas dépendre de » la commisération publique ; et, » si ce que vous avez à me dire » remplit mes vœux, si vous me » faites connoître mes chers pa- » rens , comptez sur ma recon- » noissance ; mon mari vous don- » nera de quoi passer le reste de » vos jours dans l'aisance. »

Je vais , Madame , reprit la Dubois , vous dire tout ce qui est à ma connoissance , concernant vos parens ; vous les reverrez ; mais, avant que de vous en par- ler , permettez que je vous conte comment vous avez été confiée à mes soins.

Mon nom est *Mariane Dubois*; j'ignore aussi quels sont mes pa- rens , puisque j'ai été élevée aux Enfans-Trouvés de cette ville. Une jeune dame, nommée *Davilie*, qui alla voir ce bel établissement, et à laquelle je plus par ma vivacité, me demanda aux administrateurs, et m'obtint aux conditions ordinaires. Je reçus chez elle une éducation assez soignée ; mais, étant parvenue à l'âge de 17 ans, un jeune perruquier qui fréquentoit la maison, me séduisit, m'emmena à Lyon et m'y abandonna. Je fus obligée, pour vivre, de faire valoir quelques agrémens que j'avois ; je dis agrémens, parce que, n'étant ni belle, ni même bien jolie, je n'avois, pour plaire, que ma vivacité, ma gaîté et mon enjouement. Deux ans après, je revins à Paris où je fus en vogue assez long-tems ; mais, les bons chalands ayant disparu avec ma jeunesse, j'offris mes services à la dame Lepages pour pourvoir son établissement de sujets de mon choix. Je remplissois les devoirs de cet *honorable* état avec tout le succès possible, lorsqu'un jour, passant par le jardin des Tuileries, je rencontrai une femme nommée *Falèze*, qui avoit, de mon tems, été au service de Madame Davilie. Nous nous reconnumes, en nous voyant : elle s'informa de ma situation, et me dit qu'elle étoit depuis plusieurs années au service d'une jeune dame extrêmement aimable. De mon côté, je lui fis un tableau le plus favorable qu'il me fut possible de monétat. Lorsque j'eus fini de parler, vous pourriez, me dit - elle, Madame Dubois, me rendre un service ; je vois que vous êtes la personne dont j'ai besoin et que je cherche ; je vais vous conter en quatre mots, de quoi il s'agit : Ma maîtresse a des liaisons amoureuses avec un jeune monsieur, les suites en sont visibles, ou du moins pourroient l'être , si elle ne vivoit dans la plus grande retraite. Le moment de sa délivrance approche, il s'agit de trouver un endroit où elle

puisse aller faire ses couches com-
modément, et sur-tout très-secrète-
ment ; car elle a deux frères, officiers dans la cavalerie, qui certainement la sacrifieroient ainsi
que son amant, s'ils apprenoient
leur intrigue. Personne ne peut, en
effet, mieux vous servir que moi,
lui dis-je ; je placerai votre aimable
maîtresse si bien , ses couches
se feront avec tant de secret, que
le plus clairvoyant de Paris n'y
verra rien. Voici mon adresse ; ve-
nez me voir demain vers midi, avec
la personne qui doit en conférer
avec moi, et le tout sera arrangé à
la satisfaction des intéressés : nous
nous quittâmes.

Le lendemain , à midi précis,
je vis entrer chez moi la vieille
suivante ; un instant après, entra
un jeune homme de vingt-quatre
ans , le plus beau que j'aie vu de
ma vie ; il étoit vêtu avec beaucoup
de goût, et avoit un air de chagrin et de mélancolie qui achevoit

d'intéresser en sa faveur. Après quelques pourparlers et explications, voici, Madame, ce que ce beau jeune homme, qui est votre père, me dit : La situation de la jeune personne que je veux vous confier, est telle, relativement à ses parens, que son sort, le mien et celui de l'enfant qu'elle mettra au monde, dépendent du secret qui vous sera confié. Votre silence et vos soins seront bien récompensés : nous ne pouvons fixer le tems qu'ils devront durer ; mais, avant que de vous confier ce dépôt plus précieux que ma vie, il faut que vous fassiez le serment que je vais vous prescrire. En achevant ces mots, il tira de sa poche le livre des Evangiles, et, après l'avoir posé ouvert sur la table, il ajouta d'un ton solemnel : « Jurez que, jus-
» qu'à ce que vous en receviez
» la permission signée de moi,
» vous ne découvrirez à qui que
» ce soit, rien de ce qui s'est

» passé ou se passera , concernant
» la délivrance de la dame qui
» vous sera confiée , ni sur la nais-
» sance de son enfant , et que
» vous ne ferez rien pour connoî-
» tre ni la figure , ni le nom , ni
» quoi que ce soit de ce qui con-
» cerne cette dame ou son enfant. »
Je fis ce serment. M. Veston, c'est
ainsi que se nommoit ce jeune
homme, me donna cinquante louis
pour faire les apprêts nécessaires
pour la réception de sa dame , et
il sortit avec la Falèze. Je me rendis
aussitôt chez madame Paris, à qui
je contai ce à quoi je m'étois en-
gagée. Elle me donna une lettre
pour son tapissier qui, l'ayant lue,
me dit que , dans deux jours , tout
seroit prêt ; il tint parole , car le
troisième jour au matin , il m'ap-
porta les clefs d'une charmante petite maison saine et commode , si-
tuée près de Vaugirard. J'allai la
voir , et le soir , à peine étois-je
rentrée chez moi , que la Falèze

vint me dire que sa maîtresse vouloit absolument se rendre dans la
retraite que je lui avois destinée ,
si tout y étoit en état de la recevoir. Je répondis qu'elle pouvoit
s'y rendre quand elle voudroit ; je
lui en déli rai les clefs et lui en
indiquai la situation. La Falèze me
dit que je me tinsse toujours prête
à y aller les joindre , lorsque je
serois appelée. Je ne sortois donc
plus de chez moi sans dire où j'allois. Huit jours après l'entrée de
cette dame dans la petite maison,
elle vous mit au monde , madame;
je fus aussitôt appelée, un carrosse
m'attendoit sur le quai des Théa-
tins , il me conduisit à la petite
maison où je fus introduite dans
la chambre de votre mère. Jamais,
ma chère dame, je n'oublierai l'impression que sa voix et son discours firent sur moi. Elle vous tenoit entre ses bras et vous donnoit
mille baisers ; je ne pus voir son
visage , il étoit couvert d'un voile

qui m'en déroboit la vue. Ma chère Dubois, me dit-elle, c'est à vous à qui nous allons confier ce cher enfant; le dépôt de tous nos biens, de notre vie même, ne seroit pas plus précieux. De malheureuses circonstances me forcent à m'en séparer, ayez-en soin comme de votre propre enfant, rien ne lui manquera non plus qu'à vous ; et, dès que je pourrai m'avouer publiquement pour sa mère, je vous la reprendrai, et ma reconnoissance envers vous surpassera vos espérances. Choisissez - lui une nourrice jeune et saine, visitez-la souvent et surveillez - la comme la garantie de votre fortune. Elle vous couvrit de mille baisers, me dit de vous prendre ; mais elle vous retenoit et vous serroit fortement : enfin je vous pris, ou plutôt je vous arrachai de ses bras, et sortis aussitôt de son appartement. Un fiacre m'attendoit, il nous conduisit chez la nourrice que j'avois choisie :

nous allions vous y voir deux, fois la semaine, Falèze et moi. Vos mois furent payés exactement pendant trois ans ; et, durant toute cette époque, je n'eus point à me plaindre de la générosité de vos parens. Au bout de ce terme, la Falèze cessa tout-à-coup de venir me voir : j'allai m'informer d'elle, et j'appris qu'une attaque d'apoplexie l'avoit conduite au tombeau. Depuis-lors, ma chère dame, je ne pus obtenir aucun renseignement sur vos parens, quelques recherches que j'aie pu faire à ce sujet. Plusieurs agens de la police, de ma connoissance, ont joint leurs perquisitions aux miennes, ils n'en ont pas appris davantage que moi.

Lorsque vous eûtes atteint l'âge de quatre ans, je vous pris chez moi ; et, pour faire taire les propos, je dis à tout le monde que vous étiez ma nièce, fille d'une de mes sœurs qui venoit de mourir. Vous savez, ma chère dame, comment

je vous ai élevée, et vous n'avez
eu , je crois, qu'à vous louer de
moi jusqu'à ce moment où ce
gros monsieur si riche.... Ne par-
lons pas de cela , dit madame Labousse en l'interrompant avec impatience : vous m'avez promis des
renseignemens sur mes parens ;
n'en avez-vous pas d'autres à me
donner? J'en ai certainement d'autres , reprit la Dubois, daignez
m'écouter : Il y a deux mois que
j'étois malade , lorsqu'un particu-
lier vint me trouver, et me demanda si j'avois quelques nouvelles
de ma nièce : l'air mystérieux avec
lequel il me fit cette question ,
m'inspira de la défiance ; je lui demandai quel intérêt il prenoit à cette
enfant pour m'en demander des
nouvelles : Je viens , dit-il , de la
part de son père; si vous en doutez,
ajouta-t-il , lisez ce billet. Je pris
le papier qu'il me présentoit , et
j'y vis une invitation signée *Veston*, d'indiquer au porteur la de-

meure de sa fille , afin qu'il puisse la voir et la présenter à sa mère, et lui rendre des parens qui brûlent de la serrer dans leurs bras. Je répondis à ce monsieur que, puisque le père de mon Eugénie vivoit encore , je voulois le voir, que ce ne seroit qu'à lui-même ou à son épouse que je rendrois compte du dépôt qu'ils m'avoient confié. Le monsieur fit venir un fiacre dans lequel on me traîna. Arrivés à l'hôtel , on me transporta , car je savois à peine marcher , dans l'appartement de M. Veston. En entrant , je le reconnus d'abord ; mais il étoit bien changé , bien vieilli ; il avoit l'air chagrin , inquiet. Dès qu'il m'apperçut , il me demanda des nouvelles de sa chère enfant. Excusez - moi , madame : Je lui dis qu'après vous avoir donné une éducation au-delà même de mes moyens , vous étiez à la veille d'épouser un homme très - riche , lorsque vous disparû-

tes, sans que j'aie jamais pu décou-
vrir ce que vous étiez devenue.

M. Veston se fâcha, me chargea
d'injures et de malédictions; il me
dit qu'il savoit la vérité, qu'il vouloit cependant l'entendre de ma
bouche ; que , si je persistois à la
lui taire , il me livreroit à la rigueur des lois ; qu'au contraire, si
j'étois de bonne foi, si je l'aidois
à lui faire retrouver sa fille , je joui-
rois des récompenses qu'il m'avoit
promises. « Vous voyez en moi ,
» ajouta-t-il, le plus malheureux des
» époux et des pères : après avoir
» lutté pendant vingt ans contre
» tous les genres de persécutions et
» de malheurs, j'arrive ici avec mon
» épouse ; nous croyons embras-
» ser une fille qui va effacer tous
» nos maux , et nous apprenons
» qu'elle est perdue pour nous. Sa
» mort nous auroit affligés. L'in-
» certitude où nous sommes sur
» son sort, nous désespère , nous
» tue. » Enfin , madame, pressée

tant par ma conscience que par les sollicitations de votre père, je lui avouai tout et lui contai votre histoire sans omettre la plus légère circonstance. Il insista pour savoir le lieu de votre retraite ; je fis serment que je l'avois toujours ignoré, quoique j'aie fait toutes les perquisitions possibles : il refusa de me croire, et moi, je persistai à l'assurer de mon ignorance sur ce sujet. La nuit tombante, voyant qu'il ne pouvoit rien tirer de moi, il me fit reconduire dans ma chambre.

Depuis mon rétablissement, j'allois chaque jour me promener au Luxembourg ; un jour je vous y vis et vous reconnus à l'instant. Pour m'assurer davantage que c'étoit vous, je passai et repassai plusieurs fois en vous fixant, et chaque fois je me confirmois dans ma première idée : je délibérois si je vous accosterois, lorsqu'ayant jeté les yeux sur moi, vous me reconnûtes et fîtes un cri qui m'épouvanta ; je m'éloignai à l'instant, mais je vous fis suivre. Je courus avertir votre père, il est incommodé ; il refuse de croire au bonheur d'avoir retrouvé sa fille ; il attend avec impatience que vous alliez le voir ; lorsque vous le desirerez, madame, nous nous rendrons chez lui, où il nous attend avec impatience.

Ah ! ma chère tante, s'écria Eugénie, courons, volons chez mon père ; que je puisse enfin le serrer dans mes bras et lui faire oublier toutes les peines que mon absence lui a causées ! Et ma mère, la verrai-je ? Non pas sitôt, répondit la Dubois, elle est à la campagne pour sa santé ; il faudra la préparer à cette nouvelle agréable.

La sensible Eugénie brûloit d'impatience de s'élancer dans les bras de son père ; elle se hâta donc de faire toilette, ses femmes ne pouvoient la servir au gré de son impatience ; enfin elle est en état de sortir et d'aller se présenter à l'auteur de ses jours. On met les chevaux au carosse ; la Dubois donne au cocher l'adresse écrite sur une carte , et l'on part. Les chevaux ne vont pas assez rapidement au gré de l'impatiente Eugénie , dont le cœur palpite de joie et de crainte. Elle arrive enfin dans la cour d'un bel hôtel, elle descend , on la fait traverser plusieurs pièces richement meublées. Arrivée dans un cabinet élégamment décoré , mais dont les rideaux rouges fermés rendoient la chambre obscure, on la prie d'y attendre un instant : le domestique essaya de tirer les rideaux, mais il n'en put venir à bout. Il sortit pour aller annoncer Madame Labousse ; la Dubois sortit aussi , pour aller prévenir et préparer son père à l'entrevue qui alloit avoir lieu. Eugénie resta donc seule dans ce cabinet obscur et retiré , livrée à tous les sentimens que l'espoir , l'impatience ,

la crainte , la timidité faisoient
tour-à-tour naître et se succéder
en elle. Après quelques minutes
d'attente qui lui paroissent des
heures , elle entendit quelqu'un
venir ; c'étoit un monsieur qu'elle
prit d'abord pour son père ; mais ce
n'étoit qu'un ami qui venoit tenir
compagnie à Eugénie, et la prier de
ne pas s'impatienter de l'absence de
M. Veston qu'une affaire extrêmement importante retenoit dans son
cabinet. Cette attention lui fit plaisir ; elle servoit au moins à la dis-
traire : cependant elle ne pouvoit
s'empêcher de trouver quelque
chose de gêné , d'apprêté et même
de froid dans la réception qu'on lui
faisoit. Elle jugeoit de la joie de ses
parens , par celle qu'elle ressentoit ; elle avoit cru qu'en mettant le
pied dans l'hôtel, ses yeux eussent
rencontré ceux de son père ; qu'elle
n'eût eu qu'à voler dans ses bras;
qu'il y avoit loin de cette réception
à celle qu'on lui faisoit dans ce cabinet obscur !

L'ami consolateur qui venoit d'entrer, fit ce qu'il put pour bien remplir sa mission ; il avoit une conversation très-amusante, beaucoup d'usage du monde, et une figure très-aimable. Il parvint facilement à ramener Eugénie dans l'état de sécurité et de contentement où il la desiroit. Une demi-heure s'étoit écoulée assez rapidement, lorsqu'un domestique vint annoncer que M. Veston étoit enfin libre et qu'il alloit paroître. L'officieux ami quitta Eugénie et la laissa seule. L'instant d'après, parut un gros homme richement habillé. Quel bonheur, ma chère fille, s'écria-t-il en entrant, et ouvrant deux bras bien courts et une bouche bien grande, quel bonheur, ma chère Eugénie, de vous voir ! Est-ce bien vous ? comme vous êtes grandie, embellie! Embrassez votre père. Quoi! vous pâlissez, vous vous trouvez mal ! En effet, à son aspect, Eugénie avoit ouvert les bras et fait un pas vers la porte ; mais tout-à-coup cette figure , cette voix frappe son oreille, des souvenirs se présentent en foule à son esprit , un doute effrayant glace ses sens; et le soupçon , la crainte , la terreur succèdent à l'attente du bonheur. Un froid subit circule dans ses veines , ses bras retombent , ses genoux plient sous le poids de son corps , elle est obligée de s'asseoir sur un canapé , et s'écrie d'un ton douloureux : Ah ! je suis trahie ! ...... En quoi trahie , ma chère enfant? perdez-vous la raison? ...... Voyez donc en moi le père le plus tendre , le plus heureux.... en même tems il lui baisoit les mains , vouloit la prendre dans ses bras; mais Eugénie, sentant toute l'étendue du péril où elle se trouvoit , ranime ses forces , se lève en repoussant vivement son persécuteur et s'écrie avec indignation : « Barbare , il n'est donc rien de

» sacré pour vous ? Ah ! jamais
» assurément, ni la piété filiale,
» ni l'amour paternel n'ont animé
» votre cœur. Abandonnez une
» feinte aussi cruelle qu'inutile...
» Vous avez fait le malheur de ma
» jeunesse ; voulez-vous me pour-
» suivre jusqu'au tombeau ? » Pre-
nant ensuite un ton suppliant: Vous
voulez être mon père ? ne soyez
donc pas mon bourreau ; méritez
ma confiance, ma reconnoissance:
que cette trahison .... Il n'y a
point ici de trahison , ma belle
dame, reprit le faux père, tout hon-
teux de se voir reconnu : Ce n'est
qu'un badinage que vous prenez
un peu trop au sérieux. Que diable !
je voulois me réconcilier avec vous,
à l'aide d'une petite comédie , et
vous voulez en faire une tragédie ?
cela est trop triste ! — Monsieur,
cette manière de se réconcilier ne
pouvoit être de mon goût , elle est
inexcusable. — Oh! tout est pardon-
nable à l'amour ; au reste , je ne

suis peut-être pas aussi coupable
que vous le croyez ; je ne sais quel
moyen on a employé pour vous
attirer dans cette maison ; daignez
vous asseoir un instant , et je vous
conterai ce qui m'est arrivé à votre
sujet. Eugénie refusa d'abord de
s'asseoir et d'écouter , protestant
qu'elle ne demeureroit pas une
minute de plus dans cette chambre ; que , puisqu'au lieu d'y
trouver un père, elle n'y trouvoit
qu'un persécuteur , la prudence et
la décence lui ordonnoient d'en
sortir au plus tôt. Il n'en sera rien ,
ma chère dame , dit le financier :
Vous m'avez appelé un cruel , un
barbare , un scélérat ; il faut que
je me justifie et que je vous prouve
que je ne suis qu'un amant trop
malheureux et trop constant. Faites donc venir, je vous en supplie,
la dame du logis , s'il y en a une,
dit Eugénie fondant en larmes.
Ah! ah! la dame du logis , s'écria
le financier , en riant aux éclats.

Vous ignorez donc chez qui vous êtes ? Cet hôtel est celui de la fameuse Gourdan , la femme la plus complaisante , la plus officieuse du monde entier. —Oh ciel !... moi , chez la Gourdan ! .... dans un lieu infâme de prostitution et de libertinage !.... Je suis perdue, déshonorée. —Vous n'êtes ni perdue, ni déshonorée ; personne que vous, moi et la Dubois , ne connoît votre nom ; et , si cette aventure éclate un jour , c'est que vous le voudrez bien. Calmez-vous et daignez m'écouter : Un quart-d'heure de plus, dans cette chambre, ne vous rendra ni plus coupable, ni plus malheureuse ; asseyons-nous. Au reste, sachez que vous ne pouvez sortir d'ici sans mon consentement.

Vous vous rappelez assurément le jour où vous vous échappâtes de chez moi comme une lionne furieuse qui , prête à devenir la proie des chasseurs , a brisé les lacs qui la retenoient captive. Votre con-

duite , à mon égard , me surpre-
noit d'autant plus , que la Dubois
m'avoit assuré que vous veniez
chez moi et que vous vous livriez
à moi avec plaisir , et que vous
ne mettiez dans vos refus qu'autant
de rigueur qu'il en falloit pour y
donner quelque prix. Je vous avois
vue au Palais-Royal et aux Tuileries, comme une marchandise que
l'on offroit publiquement à vendre ou à louer , au plus haut en-
chérisseur ; vous me plûtes , je fis
mes propositions à celle qui vous
accompagnoit et qui se disoit votre tante : nous conclûmes le marché. Elle m'assuroit que je n'aurois, pour entrer en jouissance de
mon marché , qu'à surmonter
quelques refus , quelques bizarre-
ries , dernier combat d'une pudeur
agonisante ; qu'après cela , tout
iroit le mieux du monde. Vous savez , ma chère dame , combien
j'ai dû décompter de ce calcul ,
lorsque vous vous fûtes échappée

de mes bras ; nous vous cher-
châmes dans l'hôtel , ne croyant
jamais que vous en étiez sortie à
telle heure. Après que mes gens
eurent fureté jusque dans les plus
petits recoins , nous commençâ-
mes à croire que vous étiez sortie.
Votre tante assuroit que , n'ayant
pas la plus légère connoissance
dans Paris et ignorant les noms
des rues , rien ne seroit plus
facile que de vous retrouver. J'envoyai, dans tout mon quartier et les
environs , prendre des informations : toutes les recherches que je
pus faire furent inutiles. La Dubois
venoit souvent me voir pour m'entretenir dans l'espoir de vous retrouver ; tantôt elle croyoit vous avoir
vue au spectacle, tantôt c'étoit dans
quelques promenades publiques.
Je lui donnois de l'argent pour
continuer ses recherches , et jamais le résultat ne m'apprit la vérité : enfin , il y a quelques jours
qu'elle vint m'avertir qu'elle vous

avoit vue au Luxembourg ; je ré-
voquai cette nouvelle en doute; elle
me jura qu'elle vous avoit vue et
entendue ; elle m'indiqua votre
adresse, et m'assura que, d'après
les informations qu'elle avoit pri-
ses, elle étoit certaine de me procurer une entrevue, si je voulois
me prêter à son projet. Je consentis
à tout, pourvu qu'il ne vous soit
fait aucune violence. Elle a des relations extrêmement intimes avec
madame Gourdan ; elle me donna
donc rendez-vous ici, et me dit
qu'il faudroit faire un instant le
rôle de père pour en venir plus
facilement à celui d'amant heureux.
J'avois quelque répugnance à user
de ce stratagême, mais les raisons
que la Gourdan et la Dubois me
dirent, et plus encore le desir de
vous voir, de vous posséder, belle
Eugénie, triompha de mes scru-
pules. Vous savez le reste, et
vous devez avouer que je ne suis
ni un cruel, ni un barbare ; je

suis un amant tendre et passionné, qui attend le prix de son amour et de sa constance ; ne le désespérez pas. Eugénie avoit entendu le récit du financier avec tranquillité et patience ; mais, lorsqu'il en vint à la déclaration de son amour et aux expressions qui manifestoient ses espérances , surtout lorsqu'elle entendit ces mots *ne le désespérez pas* , l'indignation s'empara de son ame, elle se leva , et, regardant le gros homme avec mépris, elle lui dit : Si, lorsque j'étois sans expérience, sans fortune , sans appui, et libre cependant , j'ai résisté à vos promesses et à vos menaces , comment pouvez - vous croire , monsieur , qu'à - présent où je connois vos vues criminelles , à-présent où je suis épouse et mère , jouissant d'une fortune qui surpasse mes espérances; comment, dis-je, pouvez-vous croire que , dans cet état , je puisse pousser l'oubli de moi-même

et de mes devoirs , au point de
condescendre à vos desirs ? Non ,
monsieur , n'espérez jamais triom-
pher de mes principes ; votre
amour , s'il existe , est une pas-
sion criminelle qui m'offense , et
votre constance n'est qu'un enté-
tement injurieux à mon honneur ;
il est digne de mépris , et non de
récompense.

Le gros et vieux libertin igno-
roit qu'Eugénie fût mariée et jouît
d'une fortune qui égaloit la sienne ;
de sorte que , lorsqu'il vit cet air
méprisant et ce ton de dignité qui
sait toujours en imposer aux ames
basses et viles , il perdit la force
de répliquer : c'est sur-tout lorsqu'elle prononça avec solemnité
les noms sacrés d'épouse et de
mère , qu'il se sentit comme ter-
rassé et confondu. A peine sut-il
balbutier quelques excuses. Reve-
nant cependant un peu à lui-même,
il lui dit en bégayant : Madame
m'excusera sans doute ; cette mau-

dite Dubois m'a encore abusé, je vous croyois libre comme le poisson dans l'eau. Ah! qu'on est malheureux d'être riche! ...., et méchant, ajouta Eugénie ; puis elle lui dit : Il est tems, monsieur, que je quitte ces lieux qui n'auroient jamais dû me voir ; veuillez sonner quelqu'un pour appeler mon cocher. Il sonna, en effet, d'une manière convenue ; car, s'il avoit sonné simplement, personne n'auroit paru. Un domestique se présenta, on lui dit de faire venir la voiture de madame ; il répondit qu'elle avoit été renvoyée, et s'offrit de faire venir au plus tôt un autre fiacre. Le financier offrit à Eugénie son carrosse. J'aurai, lui dit-il, madame , l'honneur et le plaisir de vous remettre chez vous; j'y ferai la connoissance de M. votre cher époux ; et je tâcherai, par mes soins et mon respect, de vous faire oublier mes torts et d'acquérir votre amitié.

Je vous dispense de tant de sollicitude , répondit Eugénie d'un ton railleur : Restez ici, monsieur, vous y êtes venu pour une bonne fortune, cette maison en renferme d'excellentes , vous ne serez embarrassé que du choix. Les objets que vous verriez chez moi ne vous rappelleroient que des souvenirs fâcheux : oublions - nous l'un et l'autre , monsieur , si cela est possible, nous y gagnerons tous. Comme elle achevoit cette réponse, on vint lui dire que le fiacre qu'on avoit envoyé chercher , étoit à la porte.

En ce cas , reprit-elle , je vous salue, monsieur. Le financier lui présenta la main ; elle la refusa , se hâta de sortir , se précipita dans le fiacre et se fit conduire à son hôtel.

Lorsqu'elle y arriva , monsieur Labousse commençoit à s'inquiéter de son absence qui se prolongeoit plus tard qu'il n'avoit pensé. Son épouse étoit sortie avec tant d'empressement qu'elle avoit oublié de lui faire dire où elle alloit. La figure de la Dubois lui étoit très-suspecte : il pensoit déjà à se faire conduire par son cocher à l'hôtel où il l'avoit laissée, lorsqu'on l'annonça. Dès qu'il la vit s'avancer vers lui avec précipitation : Eh bien ! mon Eugénie, lui cria-t-il, as-tu vu ton père ?...... Mon père, répondit-elle, en se jetant dans les bras de son mari, et fondant en larmes ! Dieu !..... quelle infamie !.... Ah ! les traîtres !..... les perfides ! .... Quelle corruption dans cette ville !....... Qui eût pu s'attendre à cette imposture ?.... M. Labousse ne savoit quoi penser du trouble et de l'agitation dans lesquels il voyoit son épouse : les mots entrecoupés de sanglots , les exclamations qui s'échappoient de sa bouche comme malgré elle, lui indiquoient suffisamment qu'elle avoit été trompée par la Dubois; il craignoit même qu'elle n'eût été

ou

ou volée ou insultée ; il crut donc que le plus prudent et le plus pressé étoit de ramener ses sens au calme qui leur convenoit , et d'éloigner même de son esprit toute crainte et toute idée qui pouvoient y entretenir l'effroi dont elle paroissoit saisie. Pour obtenir ce résultat, il ne lui adressa que des paroles douces et caressantes ; il fit venir ses enfans et ses femmes , et se retira un instant dans son appartement , sous prétexte d'aller vaquer à une affaire pressante. Cette conduite sage et modérée répondit à son attente. Ce qui , sur-tout, servit le plus à tirer cette estimable femme de l'état pénible dans lequel l'avoit jetée tout ce qui s'étoit passé ce jour-là , fut l'innocence de son cœur. Quelque désagréable que soit la situation d'une personne , elle est bien plus supportable , lorsqu'elle n'a pas contre elle-même le témoignage de sa conscience ; lorsqu'au contraire elle peut se fortifier du sentiment de son innocence et de sa pureté.

Dès qu'Eugénie fut revenue de son émotion, elle fit appeler son époux et lui conta sans détour toutes les circonstances de ses démarches avec la Dubois, son entrée chez la Gourdan, son tête-à-tête avec le gros financier, et la manière dont il avoit été éconduit. M. Labousse fut indigné de tant d'horreurs ; il résolut de porter plainte à la police, pour faire arrêter la Dubois et la forcer d'autorité à donner les renseignemens qu'elle auroit sur les parens d'Eugénie. Il le fit. La Dubois fut conduite chez le lieutenant de police ; on la confronta à madame Labousse et à ses femmes. Forcée enfin d'avouer qu'elle connoissoit le père d'Eugénie, ou qu'elle étoit coupable de la plus criminelle imposture, elle résolut de dire la vérité qui étoit que M. Veston, le père d'Eugénie, étoit mort à l'isle de Corse, dix ans après la naissance de sa fille dont la mère étoit morte aussi peu de mois après. Ces détails que la Dubois donna furent constatés et vérifiés. Il en résulta qu'Eugénie étoit orpheline ; elle en fut affligée, mais s'en consola avec le temps. La Dubois fut renfermée à l'Hôpital pour le reste de ses jours. La Gourdan reçut une mercuriale qui, si elle ne la corrigea pas du désir d'attirer chez elle des femmes honnêtes, en leur cachant son état, la rendit au moins plus prudente et très - circonspecte dans les services de ce genre que dorénavant elle rendroit à ses amis. Quant au financier, M. Labousse lui fit savoir indirectement, que, s'il essayoit encore, de quelque manière que ce fût, de troubler la tranquillité de Mme. Labousse, il auroit affaire à lui. Par ces moyens peu violens, tout rentra dans l'ordre, et l'heureux ménage coula des jours heureux au sein de la paix, de l'amour et de l'abondance.

CHAPITRE V.

Aventure de M. Felman *avec Mademoiselle Adélaïde* Daixanville, *fille entretenue.*

Il est des pays où les filles et femmes publiques sont obligées de porter un costume qui les distingue des femmes honnêtes. Nos anciennes ordonnances de police renferment des dispositions semblables. Elles ordonnoient aux filles publiques de porter une aiguillette sur l'épaule, etc. etc..... Si ces lois étoient remises en vigueur, et sur-tout bien exécutées, elles rendroient plus difficiles les quiproquo tels que celui qui a donné lieu à l'aventure qui fait le sujet de ce chapitre.

M. Felman étoit un jeune et

riche négociant de Hambourg, qui, obligé de venir à Paris pour régler des affaires commerciales , avoit séjourné quelque tems à Bruxelles. Il étoit sur son départ , lorsqu'étant allé faire ses adieux à un ami, il y rencontra une jeune et aimable Française qui y étoit pour payer le mémoire de quelques dentelles et étoffes qu'elle y avoit achetées. La conversation tomba assez naturellement sur Paris. Mademoiselle Adelaïde Daixanville , c'étoit le nom de cette jeune Française, en fit le portrait le plus flatteur ; elle s'énonçoit avec grace et esprit, sa figure étoit charmante: ses descriptions ne pouvoient donc manquer de plaire. Eh ! pourquoi avez - vous quitté un si charmant séjour , lui demanda M. Felman ? — J'ai dû venir à Bruxelles, pour me faire rembourser une dette assez considérable ; j'ai terminé cette affaire, c'est-à-dire, que je l'ai abandonnée. Je voudrois retourner à

Paris ; mais j'ai tant de répugnance à prendre la voiture publique, que je suis résolue d'attendre une parente qui est arrivée de Spa , et dans quinze jours part pour Paris ; je profiterai de sa voiture pour faire ce voyage. — M. Felman lui offrit une place dans la sienne. Cette proposition fut écoutée avec surprise , et d'abord rejetée comme incompatible avec la décence , le respect des convenances , puis discutée , approfondie ; enfin à moitié acceptée, pourvu que la femme de chambre fût du voyage , et le jour du départ fixé au surlendemain. M. Felman , pendant cet intervalle , s'informa de la belle Adelaïde ; il n'en apprit que des choses indifférentes ou agréables, de sorte qu'il se sut bon gré de la conquête qu'il avoit faite; car son esprit et sa figure lui plaisoient infiniment. Il avoit appris qu'elle n'étoit pas riche ; ce n'étoit pas là un motif de la mépriser. Nous

ne ferons pas la description du
voyage , qui se fit en poste et sans
accident ni malencontre ; il nous
suffira de dire que notre voyageur
s'enflamma de plus en plus pour
les charmes de sa belle compagne ,
charmes dont le nombre s'accrois-
soit chaque jour à ses yeux ; et ce
n'étoit pas sans raison. Adelaïde
Daixanville étoit une jeune provençale âgée de dix-neuf à vingt ans;
elle avoit l'esprit vif , la répartie
ingénue et toujours à propos, le jugement sain ,qu'une éducation soignée avoit cultivé durant les douze
premières années de sa vie ; elle
avoit fait ses essais chez la Hecquet ; mais , trouvant ce théâtre
trop rétréci pour le rôle qu'elle
vouloit jouer , elle s'étoit résolue de voyager par le monde. La
perte de ses parens , à cette époque, et d'autres revers de fortune
l'avoient précipitée dans le gouffre
du libertinage ; sa taille étoit superbe , elle avoit les yeux bruns

et tendres , la peau très-blanche et les cheveux d'un beau noir ; ses gestes étoient pleins de graces ; et le son de sa voix extrêmement agréable, donnoit à ses discours un charme inexprimable. Franche hypocrite , elle avoit su conserver, dans toutes ses manières, un air de décence qui ne l'abandonnoit pas même dans les momens d'abandon les plus mystérieux. Quant à notre hambourgeois, c'étoit un homme de trente ans ; il avoit la figure agréable et mâle , la taille avantageuse , le tempérament enclin à l'amour ; il étoit constant , franc et généreux , les manières un peu germaniques ; du reste , incapable de manquer à quiconque ne lui en donnoit pas un sujet légitime. Il connoissoit son penchant pour les femmes ; et , s'il s'abandonna à ses premiers sentimens pour Adelaïde, ce fut en partie pour se prémunir contre les liaisons dangereuses que ce penchant auroit pu lui faire former dans une ville aussi remplie que l'est Paris , de tous les pièges que l'amour de l'or et du plaisir imagine à chaque instant.

Pendant le voyage , mademoiselle Adelaïde qui avoit , au premier coup-d'œil, jugé le caractère de son compagnon , n'avoit pas tardé à former son plan pour l'agrandissement de sa fortune et de ses plaisirs.

Elle avoit fait à Felman le roman de sa vie , de ses malheurs , et de l'état de sa fortune qui seroit sous peu , disoit elle, brillante et solidement établie.

Elle avoit vendu tout son mobilier pour aller à Bruxelles poursuivre une créance considérable ; mais , étrangère à la chicane, il avoit été facile de la faire échouer. Elle revenoit donc à Paris, auprès d'une vieille cousine qui vouloit bien la recevoir et lui donner asile, en attendant qu'une succession qui lui étoit échue à la Martinique ,

fût réglée, ce qui tarderoit encore
près d'un an ; et cette parente étoit
dévote , maussade , cacochime et
misantrope ; sa maison étoit une
vraie prison ! On voudroit bien
n'en point passer par-là ; mais que
faire ? la nécessité , la dure néces-
cité n'a pas de loi.

Ces fausses confidences avoient
un but que l'on devine facilement,
c'étoit d'engager M. Felman à of-
frir à sa charmante compagne sa
bourse et sa protection pour l'empêcher de s'enterrer toute vive chez
sa parente. Ces offres furent faites;
et après quelques combats , quelques *si*, quelques *mais*, e lles furent
acceptées avec une répugnance feinte, et les arrangemens aussitôt pris
en conséquence. Il fut convenu entre nos voyageurs qu'ils loueroient
dans le même hôtel deux appar-
temens contigus , mais indépen-
dans l'un de l'autre ; qu'ils seroient
meublés à frais communs ; que
M. Felman en feroit les avances

à recouvrer sur la succession du cousin d'Amérique ; que chacun des deux seroit parfaitement libre dans son appartement ; qu'on ne se verroit que d'un accord commun et à des heures réglées. Ce contrat fait, fut scellé par quelques baisers que mademoiselle Daixanville laissa prendre sur sa bouche vermeille.

Dès que les voyageurs furent arrivés à Paris, ils eurent bientôt réalisé leurs projets. M. Felman étoit trop libéral, trop empressé et trop amoureux pour ne pas recueillir bientôt le fruit de ses soins et de ses dépenses. Il en fut ravi, enchanté. Adelaïde avoit si bien joué son rôle, que son amant croyoit avoir vaincu la pudeur, la chasteté, et la virginité même. Quelques mois se passèrent au sein de la paix, de l'amour et de la volupté ; le plus léger nuage n'avoit pas encore obscurci des jours si beaux. On se lassa enfin de cette uniformité.

Une française , une provençale ,
une fille galante enfin , vivre deux
grands mois fidelle à son amant ,
c'étoit un prodige : il ne pouvoit
être éternel. Cette uniformité de
vie ennuya bientôt la belle Adelaïde : elle voulut se répandre davantage. La parure l'occupa
beaucoup plus : elle fit des connoissances qu'elle recevoit chez
elle ; cependant M. Felman étoit,
ou du moins, paroissoit toujours
être l'amant préféré et chéri : aussi
son amour et sa confiance s'étoient
accrus au point que, si ses affaires
commerciales le lui avoient permis , il auroit fait la folie de l'é-
pouser. Il y pensoit, en effet, sérieusement, lorsqu'il fut obligé de
quitter sa belle pour aller au Havre
terminer quelques affaires qui demandoient sa présence. Les pleurs,
les soupirs , les regrets , les reproches mêmes ne furent pas épar-
gnés , pour exprimer combien elle
alloit souffrir de cette absence. Les

assurances que Felman donna d'écrire souvent et de revenir le plus tôt possible , calmèrent un peu le désespoir de la belle , et firent espérer que son amant la retrouveroit encore en vie. Il partit donc ; et, pour ne pas succomber à la tristesse, pour se maintenir toujours digne de son cher Felman, car rien ne fane et ne détruit la beauté comme le chagrin , elle s'efforça au point de fréquenter les spectacles , les promenades publiques , et de se faire une cour nombreuse composée d'adorateurs de tout âge et de tout état.

M. Felman avoit laissé à Paris Jean , son domestique ; ce garçon servoit son maître depuis son enfance , et lui étoit extrêmement attaché. A une fidélité à toute épreuve , il joignoit beaucoup de bon sens et une sévérité de mœurs peu commune. Il avoit placé ses épargnes de manière à s'assurer une fortune assez belle. Julie, la femme de chambre d'Adelaïde, avoit connoissance de ces faits, et crut que ce seroit une très-bonne affaire que la conquête de ce garçon. En conséquence elle lui tendit ses filets. Jean s'apperçut de la bonne volonté de la soubrette : c'étoit une jeune fille assez gentille, et, si ce ne fut point par amour pour elle, ce fut au moins par attachement pour son maître, qu'il feignit de répondre aux avances de la belle.

Depuis quelque tems il observoit mademoiselle Daixanville, et avoit mille raisons de croire qu'elle étoit infidelle à M. Felman, dont elle feroit un jour sa dupe. Il résolut de traverser ses projets, de la démasquer et de rompre le charme qui enchaînoit son maître au char de cette sirène.

Il tâcha d'abord de gagner la confiance de Julie ; il lui dit beaucoup de mal de son maître, afin qu'elle suivît le même exemple et médît aussi de sa maîtresse. La ruse lui réussit au-delà de ses espérances : Julie luiconta tout ce qu'elle savoit et ne savoit pas sur Adélaïde ; elle lui détailla les noms, les qualités, l'âge, le caractère et les anecdotes de tous ses amans passés et présens ; et comme Jean, en politique habile, refusoit de croire, Julie lui offrit de le rendre témoin oculaire et auriculaire de ce qu'il ne vouloit pas croire. Jean accepta l'offre, et vit de ses yeux, entendit de ses oreilles, ce qu'il falloit pour être bien convaincu qu'on dupoit son cher maître. Satisfait de sa découverte, il ne pensa plus qu'aux moyens d'exécuter son projet. Il crut que le plus sûr étoit d'empêcher son maître d'arriver à l'improviste chez Adelaïde. Il prétexta donc quelques commissions pour s'absenter, et se rendit au Havre.

Son maître, en le voyant, lui demanda des nouvelles de sa chère

Adelaïde. — Elle est, monsieur, toujours belle et charmante ; le chagrin de votre absence l'auroit bien maigrie , si son amour pour vous ne l'avoit forcée à se dissiper un peu et à faire l'impossible pour bannir loin de chez nous ce vilain chagrin qui flétrit et enlaidit tant. — Cesse de bavarder, Jean ; dis - moi comment se porte Adelaïde ? M'attend-elle avec impatience ? avoue - le moi. N'est-ce pas elle qui t'envoie pour hâter mon retour à Paris ? — Monsieur, c'est pour hâter votre retour près d'elle , que je viens ici ; mais ce n'est pas elle qui m'envoie : au contraire , pour parler sérieusement , je vous assure que plus votre absence se prolongera, et plus vous lui ferez plaisir. — Cela n'est pas possible ! Jean , ton zèle pour moi t'aveugle ; va , ne crains rien. Cette charmante personne m'aime, sa vertu m'est connue , sa constance est inébranlable. — Son amour, sa vertu et sa constance, mon cher maître, sont des chimères que la coquine a su . . . . . — Te tairas tu, Jean? As-tu donc perdu l'esprit? Sache que, lorsque tu insultes cette femme que je chéris, c'est comme si tu m'insultois moi-même. — Pardon, mon cher maître ; mais il est impossible que je vous taise les tromperies que l'on vous fait ; je ne parle pas sans preuve. Je vous laisse le maître de ma fortune, donnez-la toute entière aux pauvres ; battez-moi, chassez-moi de votre présence à toujours ; tuez-moi enfin, si, dans les vingt-quatre heures après notre arrivée à Paris, je ne vous prouve que mademoiselle Adelaïde Daixanville n'a jamais été qu'une catin, et que ce n'est qu'à force de dissimulation, d'hypocrisie et de mensonges qu'elle a su se faire passer près de vous pour une fille honnête. — Eh! d'où as-tu tiré toutes ces belles choses-là, Jean? —

Julie m'a conté la vie de sa maîtresse, elle a fait plus, elle m'a introduit dans son cabinet de toilette, d'où j'ai pu voir et entendre les preuves non équivoques de son ingratitude et de son infidélité envers vous, mon cher maître. Jean apprit ensuite à M. Felman, qu'après la mort de sa mère, à l'âge de quatorze ans, Adelaïde étoit venue à Paris avec son père, qu'elle avoit perdu deux ans après ; qu'alors une entremetteuse s'en étoit emparée, sous prétexte de la placer en apprentissage ; mais que, l'ayant pervertie, elle trafiqua de ses charmes, puis la plaça chez la Hecquet tenant sérail public à Paris (Voyez le Chapitre sixième du tome deux) ; qu'elle y resta deux ans, en sortit pour être entretenue par un Seigneur hollandois qui la conduisit à la Haye ; et que c'est à son retour de Hollande, que M. Felman la vit à Bruxelles, où elle séjournoit en at-

tendant une occasion de revenir à
Paris. Durant ce discours, M. Felman étoit absorbé dans ses réflexions ; il sembloit avoir perdu l'u-
sage de ses membres. Depuis votre
absence de Paris , ajouta Jean , il
faudroit voir le train dont elle va :
elle court tous les spectacles et
toutes les promenades. Le nombre
de ses amans égale celui de ses
charmes ; il en est quelques-uns
de plus favorisés que les autres ;
ce sont : un militaire , un abbé et
un financier , sans compter M.
Burier , son perruquier, qui est le
mieux partagé , parce que les autres paient , et lui , au contraire,
il est payé. C'est cependant un
bien vilain magot ; mais tel est le
caprice de mademoiselle , elle en
rafole. — Ah dieu! cela est-il
possible, s'écria Felman se levant
tout-à coup avec un mouvement
de fureur! Partons , Jean ; que
j'aille poignarder cette infâme coquine et ses vils complices. — Y

pensez-vous , monsieur ? vous compromettre pour une catin ! Non , non , suivez mes conseils , et vous serez vengé au-delà de vos desirs , sans que qui que ce soit ait à vous rien imputer ; terminez ici vos affaires , et laissez-moi agir. — Elles peuvent l'être aujourd'hui. — Eh bien ! nous partirons demain ; vous serez vengé , ou je ne serai plus Jean. Le lendemain ils partirent du Havre ; arrivés à Paris , ils furent descendre chez un ami qui demeuroit assez loin de leur hôtel. Jean alla aussitôt trouver sa confidente Julie , et prit avec elle les arrangemens convenables pour prouver à son maître l'infidélité et l'immoralité de sa belle. Il fut convenu que M. Felman se trouveroit à l'hôtel le lendemain à huit heures du matin , et que Julie l'introduiroit chez sa maîtresse qu'il surprendroit en flagrant délit. Quant au mode de vengeance , Jean s'en réserva l'invention et la direction.

Il alla faire tous les préparatifs nécessaires au projet qu'il avoit en tête , et courut rejoindre son maître qui passa une nuit que la jalousie , le desir de la vengeance , et le dépit lui rendirent bien pénible. Le lendemain matin , huit heures étoient à peine sonnées , qu'il étoit à l'hôtel. Julie l'introduisit dans la chambre à coucher de sa maîtresse ; il tire le rideau et voit le plus vilain malotru qui se puisse imaginer , couché et enlacé dans les bras de la belle Adelaïde. Que ceux qui ont connu l'amour et la jalousie , se peignent la situation de M. Felman ; quant à moi , je ne pourrois la rendre sans la dénaturer. Le premier dessein de M. Felman avoit été d'immoler les coupables à sa vengeance; mais son prudent serviteur veilloit sur ses mouvemens; et, pour terminer enfin cette scène , il saisit la couverture , l'arrache avec violence, et met au jour un spectacle digne des plus fameux pinceaux. Car quel étonnant contraste que la carcasse sale et olivâtre de M. Burier, à côté du corps d'albâtre d'Adelaïde ? A cette vue, les spectateurs éclatèrent de rire et réveillèrent en sursaut le couple endormi. Adelaïde ne sachant d'abord si elle rêve ou si elle veille, se tâte, se frotte les yeux, les porte tour-à-tour sur Felman et Burier ; sa confusion est extrême ; enfin elle revient à elle, et, l'effronterie succédant à la honte, elle s'écrie qu'il est bien étonnant qu'elle ne soit pas maîtresse chez elle.

Son bel ami, sans s'amuser à des criailleries, cherche des yeux ses vêtemens ; ne les voyant pas (Jean les avoit cachés), il saute du lit pour les trouver. Au même instant, deux gaillards aux bras vigoureux et souples, entrent armés de fouets qu'ils font claquer sur tous les membres du bel Adonis, qui crie, saute, court, se tapit derrière les meubles d'où les cruels

coups de fouet le font déguer-
pir ; il se réfugie enfin dans le
lit fatal comme dans un asile sacré ; mais les implacables fouet-
teurs l'y atteignent et redoublent
leurs coups qu'ils font partager à sa
complice. Jean craignant qu'un
plus long tapage n'amène du
monde, jette au flagellé ses habits.
Burier les saisit , s'élance hors de
l'appartement et gagne la rue, où il
tombe excédé de douleur , de fati-
gue, et couvert de sang et de sueur.
L'officieux Jean arrive , le relève ,
le console; et, par ses consolations,
apprend à la foule de badauds les
circonstances de ce désastre. L'a-
necdote vole de bouche en bouche,
et Burier devient le sujet de la ri-
sée du quartier.

M. Felman étoit resté auprès d'A-
delaïde ; il lui reprochoit son ingratitude et son hypocrisie ; et la
belle employoit tous les prestiges
de son art pour l'appaiser , mais
c'étoit en vain. Il lui déclara qu'un
profond mépris avoit succédé dans

son cœur à l'amour le plus ardent ; que si , dans une heure, elle n'avoit évacué l'appartement , il la feroit enlever comme une escroc. Jean entroit comme son maître prononçoit cette terrible sentence. Soyez tranquille , Monsieur, lui dit-il tout rayonnant de joie et fier de son triomphe. Je me charge, moi , de mettre cette belle à la porte, ou de l'y faire mettre par le commissaire : elle choisira. La donzelle eut bientôt fait son choix; elle s'habilla et sortit sans bruit.

Pour récompenser leur zèle, M. Felman donna à Jean et à Julie tout l'ameublement qu'ils vendirent, et dont le produit consola un peu cette fille d'avoir manqué son but ; car Jean venoit de lui déclarer formellement que jamais il ne se marieroit en France. Peu de tems après , M. Felman s'en retourna à Hambourg, heureux d'avoir soustrait sa fortune et sa liberté aux piéges de l'ingrate Adelaïde.

F I N.